essentials

Essentials liefern aktuelles Wissen in konzentrierter Form. Die Essenz dessen, worauf es als „State-of-the-Art" in der gegenwärtigen Fachdiskussion oder in der Praxis ankommt. Essentials informieren schnell, unkompliziert und verständlich

- als Einführung in ein aktuelles Thema aus Ihrem Fachgebiet
- als Einstieg in ein für Sie noch unbekanntes Themenfeld
- als Einblick, um zum Thema mitreden zu können

Die Bücher in elektronischer und gedruckter Form bringen das Expertenwissen von Springer-Fachautoren kompakt zur Darstellung. Sie sind besonders für die Nutzung als eBook auf Tablet-PCs, eBook-Readern und Smartphones geeignet.

Essentials: Wissensbausteine aus den Wirtschafts, Sozial- und Geisteswissenschaften, aus Technik und Naturwissenschaften sowie aus Medizin, Psychologie und Gesundheitsberufen. Von renommierten Autoren aller Springer-Verlagsmarken.

Weitere Bände in dieser Reihe
http://www.springer.com/series/13088

Hermann Meier

Diskussion und Debatte

Wie man in Gremien zu guten Entscheidungen kommt

Dr. Hermann Meier
Haan
Deutschland
www.ZurGO.de

Meier, Hermann. 2011. Zur Geschäftsordnung. Wiesbaden: VS-Verlag

ISSN 2197-6708   ISSN 2197-6716 (electronic)
essentials
ISBN 978-3-658-09313-6   ISBN 978-3-658-09314-3 (eBook)
DOI 10.1007/978-3-658-09314-3

Die Deutsche Nationalbibliothek verzeichnet diese Publikation in der Deutschen Nationalbibliografie; detaillierte bibliografische Daten sind im Internet über http://dnb.d-nb.de abrufbar.

Springer VS

Gedruckt auf säurefreiem und chlorfrei gebleichtem Papier

Springer Fachmedien Wiesbaden ist Teil der Fachverlagsgruppe Springer Science+Business Media
(www.springer.com)

Was Sie in diesem Essential finden können

- Wie man Sitzungen vorbereitet und warum das wichtig ist.
- Wie Sie als Sitzungsleiter agieren, damit die Sitzung erfolgreich wird.
- Wie Sie in Diskussionen Ihre Argumente optimal einbringen.
- Wie Sie Manipulation erkennen und ihr begegnen.
- Also: Wie Sie in Gremien, Versammlungen und Sitzungen zu guten Entscheidungen kommen.

Vorwort

Dieses Werk basiert auf dem Band „Zur Geschäftsordnung" von Hermann Meier, 3. Auflage 2011.

In diesem – erstmals 1976 erschienenen – Buch werden die Regeln der Geschäftsordnung, Sitzungsleitung und von Diskussion und Debatte ausführlich behandelt; ergänzt wird dies durch eine Fülle von Hinweisen, wie gelegentlich solche Regeln zur Manipulation genutzt werden und wie man sich erfolgreich dagegen wehrt.

Mit seinen Essentials bietet der Verlag die Möglichkeit, den recht umfangreichen Stoff stark konzentriert, zu einem günstigen Preis und auch als eBook anzubieten – so hat man für die Gremienarbeit das Wesentliche noch einfacher zur Hand.

Die im Hauptwerk enthaltenen Ablaufdiagramme, Mustertexte und Links zur weiterführenden Literatur stehen auf der Internetseite www.ZurGo.de bereit.

Inhaltsverzeichnis

Einleitung

1

Entscheidungsfindung im demokratischen Prozess beschränkt sich keineswegs auf das weite Feld politischen Handelns: Viele Bereiche der Wirtschaft werden von Konferenzen geprägt und in Freizeit und Privatleben kommt man immer wieder mit Gremien in Berührung – beispielsweise Vereine und ihre Mitgliederversammlungen, der Kirchenvorstand, in der Schule die Elternarbeit und die Eigentümerversammlungen bei Wohneigentum. Hier wirken wir an Entscheidungen mit, von denen wir unmittelbar betroffen sind.

Leider stellen wir immer wieder fest, dass keineswegs immer die besseren Argumente zählen und dass Entscheidungen getroffen werden und sich im Nachhinein als falsch herausstellen, obwohl in der Diskussion genau die Gründe vorgetragen wurden, weswegen es dann später schief gegangen ist. Nur haben sich „irgendwie" die Anderen durchgesetzt. Dem wollen wir mit diesem Buch auf den Grund gehen: Ganz praktisch und weitgehend frei von Theorie soll hier kurz und knapp herausgearbeitet werden, wie man das besser machen kann.

> Die gesetzten Textstellen zeigen an, was hinter bestimmten Ritualen stecken könnte, was gängige Manipulationstricks sind und wie man ihnen wirkungsvoll begegnet.

Die Regeln für den korrekten geschäftsordnungsgemäßen Ablauf einer Sitzung finden Sie in (Meier 2011) und als Kurzfassung in (Meier 2015). In diesem Buch geht es um die Mechanismen, auf die es in den Sachdiskussionen und Debatten aufkommt. Es soll so den Informationsvorsprung der „alten Taktiker" verringern und die eigentlich unwürdigen Manipulationen und Verfahrensstreitigkeiten vermeiden helfen. Hier erfahren Sie, mit welchen Mitteln und Tricks Mehrheiten „gebildet", aber auch „ausgeschaltet" oder „überfahren" werden können.

Der anständige und kluge Sitzungsteilnehmer wird die Regeln nicht missbrauchen, denn er wird über kurzfristige Erfolge den lange währenden Verlust an Ver-

© Springer Fachmedien Wiesbaden 2015
H. Meier, *Diskussion und Debatte*, essentials, DOI 10.1007/978-3-658-09314-3_1

trauen nicht hinnehmen wollen. Doch er muss alle Taktiken kennen: Denn nur dann kann er selbst sich vor ihnen schützen und sich gegen den wehren, der glaubt, sich ihrer bedienen zu müssen.

Benutzen Sie daher dieses Buch bitte als Handbuch[1] für ein stets faires Verfahren – und sei es auch nur, weil Sie fürchten müssen, dass Ihr Gegner es ebenfalls kennt und zur Hand hat.

---

[1] Weitere Materialien finden Sie im Internet (Adresse: www.ZurGO.de): Ablaufpläne, Mustertexte, zusätzliche Literaturhinweise, Hinweise auf neue Rechtsprechung und eine E-Mail-Adresse-Adresse für Ihre Kommentare und Hinweise. Das hilft, zwischen den Auflagen stets aktuell zu bleiben.

Im Vorfeld

2

2.1 Die Auswahl und Vorbereitung des Sitzungssaals

Neben dem eigentlichen Zweck und Thema einer Sitzung gibt es eine Reihe von bestimmten Randbedingungen, die Ablauf und Erfolg günstig und ungünstig beeinflussen: Der optimale Versammlungsort …

- verfügt über gute Verkehrsverbindungen: Es gibt keinen Stress bei der Anreise, er ist mit öffentlichen Verkehrsmitteln erreichbar, es gibt genügend Parkplätze und eine klare Beschilderung.
- hat den auf die Teilnehmer abgestimmten Komfort: Eine zu luxuriöse, aber auch eine zu primitive Umgebung verunsichert die Teilnehmer, die sich hier jeweils fehl am Platz fühlen.
- hat eine auf die Teilnehmer abgestimmte Größe: Ein zu großer Raum wirkt ungemütlich und erschwert das Zuhören (Hall) und das Sprechen. Ist ein Raum zu voll, erzeugt das Aggressionen.
- hat den richtigen Grundriss: Die Zugänge sollten am besten in den hinteren Ecken liegen (zu spät Kommende und früher Gehende stören nicht so sehr). Tagsüber sollten die Fensterflächen seitlich der Blickachse zum Podium liegen, da sonst Teilnehmer oder Redner/Sitzungsleiter vom Tageslicht geblendet werden.
- ist ruhig und ungestört: Es gibt keinen Lärm von der Straße, vom Gastraum, kein Gepolter von der Kegelbahn, …
- ist angenehm temperiert: Keine Zugluft, Thermostate an der Heizung, einfache Möglichkeit, zwischendurch zu lüften.

© Springer Fachmedien Wiesbaden 2015

H. Meier, *Diskussion und Debatte,* essentials, DOI 10.1007/978-3-658-09314-3_2

- hat die richtige Raumbeleuchtung: Funzeliges Licht führt genauso zu rascher Ermüdung und Nachlassen der Konzentration wie zu grelles Licht, vor allem aus Leuchtstoffröhren.
- hat die nötigen technischen Einrichtungen: Je nach Veranstaltung brauchen Sie Leinwand, Laptop mit Beamer bzw. andere vom Referenten angeforderten Medien, Mikrofon und Verstärkeranlage, Flip-Chart und dicke Faserstifte, Tafel mit Kreide, Leisten oder Stecktafeln und Nadeln zum Aufhängen von Plakaten und Schaubildern, Zeigestock …

  Es ist geklärt, wer die technischen Geräte bedienen wird, ob (und vor allem wo) das nötige Zubehör zur Verfügung steht (Strom-Verlängerungskabel, langes Anschlusskabel für den Beamer, sicherheitshalber auch ein USB-Stick für den Fall, dass der Laptop des Referenten sich nicht mit dem Beamer verträgt).

  Denn die Erfahrung lehrt: Wenn solche Sachen in einer Veranstaltung kurzfristig gebraucht werden, sind sie entweder zufällig „gestern" gerade ausgegangen oder der Mitarbeiter, der sie verwaltet, hat leider momentan Pause, Feierabend oder Geburtstag.
- hat – bei Vortragsveranstaltungen – ein ordentliches Rednerpult mit der richtigen Höhe: Ein großgewachsener Redner kann ggf. sein Manuskript auf einer viel zu niedrigen Unterlage kaum noch lesen; unterdurchschnittlich große Redner sehen dagegen hinter einem zu hohen Pult sehr unvorteilhaft aus. Professionelle Vermieter stellen für solche Fälle ein passendes Podest zur Verfügung (nachfragen!). Legen Sie probeweise ein paar Blatt Papier aufs Pult: Ist die Manuskript-Unterlage geneigt, muss eine hinreichend hohe Randleiste vorhanden sein, damit das Manuskript nicht dauernd rutscht.
- Ist die Presse eingeladen, schmückt man sehr gern das Rednerpult oder den Hintergrund mit seinem Emblem, um in den Pressefotos des Redners ein wenig Eigenwerbung unterzubringen. Bei der Erstbesichtigung des Raums wird man die entsprechenden Maße nehmen, damit ein passgenaues Plakat hergestellt und dann am Veranstaltungstag ohne viel Aufwand angebracht werden kann.
- hat eine vorher geklärte Regelung zur Bewirtung: Gibt es Kaffee, Tee, Kaltgetränke? Wie wird das abgerechnet?
- hat eine der Veranstaltung angepasste Einrichtung: Sind die Stühle wirklich für eine längere Verweildauer geeignet (ausprobieren)? Reichen die Stühle/Tische für die vorgesehene Teilnehmerzahl aus? Was passiert bei größerem Andrang als geplant – gibt es (und wo) Reserve? Wo gibt es ggf. eine Garderobe und (bei mehrtägigen Veranstaltungen) Aufbewahrungsmöglichkeiten für Unterlagen und ggf. Aktentaschen der Teilnehmer?
- hat die für die Veranstaltung passende Bestuhlung: So wird man bei einem Vortrag vor einem größeren Auditorium das Rednerpult möglichst auf ein Podium

stellen und einige Meter Abstand zur ersten Stuhlreihe vorsehen. Ist der Kreis der Zuhörer kleiner wird man Stühle und evtl. Tische besser im Halbkreis oder V-Form aufstellen (Kelber 1977).

Für Konferenzen, Mitgliederversammlungen etc. mit nicht mehr als 30 Teilnehmern ist das Oval („Konferenztisch") oder das Rechteck am günstigsten: An der Schmalseite gegenüber dem Eingang nimmt der Sitzungsleiter Platz – flankiert von seinem Stellvertreter und dem Protokollführer. Denn bei Diskussionen aller Art ist es ganz wichtig, dass die Teilnehmer sich gegenseitig sehen können. Die häufig zu findende U-Form, bei dem die Längsseiten beidseitig besetzt sind, ist für eine fruchtbare Debatte unter den Teilnehmern denkbar ungünstig, da stets etliche Teilnehmer dem jeweiligen Redner den Rücken zudrehen oder ständig Unruhe herrscht, da sich die an den Innenseiten sitzenden Teilnehmer zum Redner hin umdrehen müssen.

2.2   Die Vorbereitung der Sitzung

Rechtzeitig vor Beginn der Veranstaltung sollte klar sein, welche Vorarbeiten erforderlich sind und wer das jeweils sicherstellt. Hierzu gehören je nach Art und Zweck der Versammlung vor allem:

- Unterlagen: Tagesordnung, Protokoll, ggf. Redemanuskript, Berichte, Tabellen, Stimmzettel, evtl. Namensschilder, Stimmkarten, Eintrittskarten, Teilnehmerliste
- Hilfsmittel: Dias, Schaubilder, Demonstrationsobjekte, „Waschzettel" für die Presse, Hinweisschilder zum Versammlungsort
- Damit in der Veranstaltung wirklich alles funktioniert und Pannen vermieden oder schnell ausgebügelt werden können, müssen frühzeitig und verbindlich die Verantwortlichkeiten geklärt sein:
- Ausgestaltung und Vorbereitung des Versammlungsraums: Bestuhlung/Sitzordnung, Schmuck, Blumen, Tischvorlagen, Notizblocks/Stifte, Getränke, Gläser, Tischglocke für den Leiter
- Technische Geräte und Zubehör: Aufstellung und Bedienung
- Tagungsbüro: Hinweisschilder, Begrüßung, allgemeine Auskunft, Namensschilder, Papier für Notizen, Betreuer (Presse, Gäste)
- Kandidaten für Sitzungsleitung, Protokollführung, andere Hilfsfunktionen (Mandatsprüfer, Stimmenzähler, Einlasskontrolle, Saaldienst, Ordner)

2.3   Letzte Vorbereitungen vor der Sitzung

Als Veranstaltender sollten Sie frühzeitig im Sitzungssaal sein, um etwaige Pannen noch rechtzeitig ausbügeln zu können – fast immer ist irgendetwas zu verbessern, und oft ist eine kleine Katastrophe zu verhindern.

Es ist z. B. fast unmöglich, einen vorbereiteten Dia-Vortrag zu halten, wenn das Lämpchen am Rednerpult durchgebrannt ist und der Redner sein Manuskript im Halbdunkel des Restlichts entziffern muss. Falls Kabel lose verlegt sind, über die jemand stolpern könnte, befestigt man sie mit Klebeband auf dem Fußboden. Wenn Sie die Punkte in diesem Kapitel als Checkliste nehmen, ist Ihre Kontrolle recht einfach.

Wenn die ersten Teilnehmer eintreffen, können Sie schon etwas Einfluss auf den Gang der Dinge nehmen: Mit einigen freundlichen Worten kann man bestimmte Teilnehmer (warum auch nicht?) ganz offen bitten, einen bestimmten Platz einzunehmen bzw. schon Sitzende bitten, für den Kollegen X den Nebenplatz freizuhalten.

Eine formale Begründung für eine vorgegebene Sitzordnung ist meistens schwer zu finden; Tischkarten werden vor allem dann als nützlich und praktisch anerkannt, wenn sich die Teilnehmer nicht kennen – oder vielleicht Pressevertreter oder Gäste etc. anwesend sind, denen diese Maßnahme die Orientierung erleichtert.

Die günstigen Plätze sind diejenigen genau gegenüber dem Vorstandstisch: Hier hat der Teilnehmer die gesamte Runde und den Sitzungsleiter ständig im Blickfeld, seine Wortmeldung ist nicht zu übersehen, seine dem Sitzungsleiter ähnlich hervorgehobene Position hebt das Gewicht seiner Argumentation.

Von hier aus ist es auch am ehesten möglich, die Verhandlung in die erwünschte Richtung zu lenken. Deshalb wird es für den Sitzungsleiter ungünstig sein, wenn diese Plätze von starken Gegenspielern besetzt sind.

Es verringert die Wirkung der Argumentation, wenn die Vertreter „einer" Meinung alle zusammensitzen. Es wirkt viel besser wenn eine bestimmte Meinung „von allen Seiten" bekräftigt wird. Damit sich die einzelnen Teilnehmer jeweils abstimmen können, sollten sie Blickkontakt haben.

Mitglieder, die in Diskussionen leicht zu Zwiegesprächen mit dem „Lieblingsfeind" neigen oder sich mit einem guten Freund immer viel zu erzählen haben, setzt man tunlichst nicht nebeneinander oder direkt gegenüber, sondern durch ein, zwei andere Teilnehmer getrennt an eine Längsseite.

Zur potentiellen Beeinflussung gibt man schwankenden Mitgliedern Nachbarn, die durch halblaute Kommentare (Zwischenbemerkungen, Seufzer, bedauerndes Kopfschütteln) den Redebeitrag des Gegners entwerten und durch gegenteiliges Verhalten die Ausführungen der eigenen Redner verstärken. Vor Abstimmungen wird mit einer kurzen Privatdiskussion vielleicht die letzte Hürde überwunden; bei geheimen Abstimmungen wird der moralische Druck durch spürbares Hinüberäugen noch etwas verstärkt.

Achten Sie auf die Beschaffenheit Ihres Platzes: Setzen Sie sich (vor allem, wenn Sie Kleid oder Rock tragen) nicht direkt vor ein Tischbein, tauschen Sie einen unbequemen, knarrenden oder wackelnden Stuhl aus. Bauen Sie keine Aktenbarrieren vor sich auf! Wie wollen Sie jemanden überzeugen, gegen den Sie sich „verschanzen"? Achten Sie darauf, dass man Sie sieht und dass Ihr Platz Ihren geordneten und klaren Redebeiträgen entspricht.

Es ist vorteilhaft, die anderen Diskussionsteilnehmer mit Namen anzusprechen: Neben dem einfacheren und für alle Beteiligten angenehmen Zitieren („Wie der Herr da drüben mit der Brille – nein, der daneben mit dem roten Pullover, ja schon im Gegensatz zu der Dame, die vor ihm gesprochen hatte, ausgeführt hat ...") wird die Debatte persönlicher und meist weniger scharf. Ein Redebeitrag mit der Ankündigung: „Das Wort hat unser langjähriges Mitglied Achim Schulze", wird viel wirkungsvoller eingeleitet, als wenn der Sitzungsleiter den Redner ansieht und ihm durch Kopfnicken zu verstehen gibt, dass er an der Reihe ist.

In Kreisen der höheren Politik und vor allem der Wirtschaft wird es fast als unhöflich empfunden, wenn Teilnehmer nicht mit Namen angesprochen oder zitiert werden.

Es kommt aber auch durchaus vor, dass man das Nicht-Nennen des Namens bewusst einsetzt – von Bismarck ist dieses Stilelement überliefert, der auf diese Weise bestimmte Abgeordnete bewusst zu deklassieren suchte.

Zu den letzten Vorbereitungen einer Sitzung gehört – kurz vor dem vorgesehenen Anfangstermin – die Bitte, (in den Sitzungssaal zu kommen und) Platz zu nehmen. Am einfachsten und wirkungsvollsten zu diesem Zweck hat sich ein kurzes Läuten mit der Tischglocke erwiesen.

Die Aufgaben des Sitzungsleiters 3

▶ „Der Leiter bestimmt den Ablauf der Versammlung. Er hat während der Versammlung für Ordnung zu sorgen. Er kann die Versammlung jederzeit unterbrechen oder schließen. Er bestimmt, wann eine unterbrochene Versammlung fortgesetzt wird."(§ 8 Versammlungsgesetz). (Dietel et al. 2008; Ott und Wächtler 2010)

▶ „Der Vorsitzende eröffnet und schließt die Sitzungen, leitet die Versammlungen, sorgt für die Aufrechterhaltung der Ordnung und übt das Hausrecht aus."(Aus einer Gemeindesatzung)

Die Sitzungsleitung kann vier grundlegend verschiedene Positionen einnehmen:

- Der Präsident, der über allem (also auch dem sachlichen Inhalt der Verhandlung) steht und (wie der Schiedsrichter im Fußballspiel) nur auf die Einhaltung der Regeln achtet (Beispiel: Bundestagspräsident).
- Der Sitzungsleiter, der selbst Mitglied des Gremiums ist und abgesehen von der vorauszusetzenden korrekten Abwicklung auch eigene Interessen und Ziele verfolgt bzw. sich von seinen subjektiven Verpflichtungen gegenüber dem Wohl des Ganzen nicht freimachen kann und will (Beispiel: Vereinsvorsitzender).
- Der Diskussionsleiter, der mit viel Sachverstand und Klugheit einerseits für eine korrekte Abwicklung der Sitzung und andererseits für eine gedanklich gut gegliederte und fruchtbare Verhandlung sorgt (Beispiel: Leiter einer Podiumsdiskussion).
- Der Gesprächsleiter, der zusammen mit den übrigen Teilnehmern für ein vorliegendes Problem eine gemeinsame Lösung erarbeiten will (Beispiel: Konferenzleiter).

© Springer Fachmedien Wiesbaden 2015
H. Meier, *Diskussion und Debatte,* essentials, DOI 10.1007/978-3-658-09314-3_3

Nur selten wird ein Versammlungsleiter einen der genannten Typen in seiner „reinen Form" verkörpern: Meist liegt eine Kombination vor.

Die besondere Aufgabe, jenseits des formalen Abwickelns der Versammlung für eine „gute Diskussion" zu sorgen, wird in Kap. 6 inhaltlich behandelt.

3.1   Die juristische Funktion des Leiters

▶   „Jede öffentliche Versammlung muss einen Leiter haben … Der Leiter übt das Hausrecht aus". (§ 7 Versammlungsgesetz)

In politischen Gremien wird der Vorsitzende in der Regel durch Gesetz oder Satzung feststehen. In öffentlichen Versammlungen ist der Veranstalter und bei Vereinen ihr Vorsitzender gleichzeitig Leiter der Sitzung. Er kann die Leitung einer anderen Person übertragen. Eine öffentliche Versammlung kann durch Mehrheitsbeschluss den Leiter nicht (ab-)wählen.

In der Mitgliederversammlung eines Vereins und ähnlichen Gremien übernimmt der Vorstand als Innenvertretungsorgan die Sitzungsleitung, die Versammlung kann aber grundsätzlich auch einen anderen Teilnehmer aus ihrer Mitte mit einfacher Mehrheit zum Versammlungsleiter wählen, soweit nicht die Satzung ausdrücklich einen Leiter vorschreibt.[1]

Schreibt die Satzung bestimmte Personen als Leiter vor, ist aber keine der vorgesehenen Personen anwesend, kann die Mitgliederversammlung einen Leiter bestimmen, denn sonst könnten die genannten Personen, d. h. meist der Vorstand, durch bloßes Fernbleiben Mitgliederversammlungen nach Belieben verhindern.

Beschlüsse, welche die Mitgliederversammlung unter einer nicht gesetz- oder satzungsgemäßen Leitung fasst, können deswegen unwirksam sein, auch wenn die Sitzungsleitung fehlerlos durchgeführt wurde.

Maßnahmen des Sitzungsleiters können – wie Schiedsrichterentscheidungen im Sport – nicht angefochten werden. Lediglich die in der Sache gefassten Beschlüsse sind anfechtbar, wenn ihnen eine unberechtigte Maßnahme des Sitzungsleiters vorausgegangen ist und diese auf die Entscheidung der Versammlung Einfluss haben konnte.[2]

---

[1] Selbst wenn die Satzung die Sitzungsleitung durch den Vorsitzenden vorschreibt, kann (und sollte) dieser zumindest für die Wahlen, denen er selbst kandidiert, die Versammlungsleitung vorübergehend abgeben, da in einem solchen Fall die Gefahr einer Interessenkollision besteht (OLG Köln 31.7.1985 2 Wx 9/85).

[2] Dies kann vor allem zum Tragen kommen, wenn ein Sitzungsleiter eine Verhandlung in eigener Sache führt, obwohl er als befangen zu gelten hat. Ein „Mandatsträger" darf in An-

Das sofortige Schließen einer öffentlichen Versammlung ist bei einer außer Kontrolle geratenen Veranstaltung unerlässlich. Eine Unterbrechung hilft da nicht: Denn kommt es innerhalb der Sitzung (vor dem förmlichen Schließen besteht die Sitzung weiter) zu Tätlichkeiten, Sachschaden oder dergleichen, kann der Sitzungsleiter haftbar sein. Die Versammlungsleitung kann (und sollte) dies bei lautstarken Tumulten neben dem unüberhörbaren verbalen Schließen durch das Verlassen des Vorstandstisches bekräftigen. Das „Auflösen" einer Versammlung ist Sache der Polizei nicht der (eigenen) Ordner. (Dietel et al. 2008; Ott und Wächtler 2010)

Das Eröffnen und Schließen einer Versammlung ist ein rechtserheblicher Akt: Nur die zwischen diesen vom Sitzungsleiter gesetzten Zeitpunkten gefassten Beschlüsse sind gültig. Mit der Eröffnung geht auch das Hausrecht auf den Sitzungsleiter über. Wer Anordnungen des Sitzungsleiters nicht Folge leistet, kann daher wegen Hausfriedensbruch (§ 123 StGB) belangt werden. Das Stören einer öffentlichen Versammlung und das Nichtbefolgen eines Ausschlusses kann als Ordnungswidrigkeit nach § 29 Versammlungsgesetz bestraft werden.

3.2 Die Ordnungsfunktion des Leiters

▶ „Der Leiter bestimmt den Ablauf der Versammlung. Er hat während der Versammlung für Ordnung zu sorgen." (§ 8 Versammlungsgesetz).

Im Wesentlichen richtet sich diese Forderung auf die korrekte Abwicklung des Verfahrens (Eröffnen und Schließen von Debatte und Abstimmung, richtige Reihenfolge und Vollständigkeit der Handlungen) und der Diskussion (Reihenfolge, Redezeit, Sachlichkeit der Darstellung, Verhinderung von Störungen). Hinzu kommen die für die zügige und sachgerechte Durchführung der Sitzung ggf. notwendigen Maßnahmen.

Gelegentlich steht dem Leiter ein Stellvertreter zur Seite: Er hilft ihm beim Führen der Rednerliste und berät bzw. unterstützt ihn in kritischen Situationen, z. B. beim Auszählen der Stimmen in größeren Versammlungen. Und er übernimmt die Sitzungsleitung, wenn der Leiter selbst zur Wahl steht oder zur Sache sprechen möchte, denn als Redner zur Sache kann der Sitzungsleiter weder Zwischenrufer und Störer noch u. U. sich selbst zur Ordnung rufen, die Redezeit überwachen oder die Beachtung sonstiger Ordnungsvorschriften durchsetzen.

---

gelegenheiten, die ihn über das übliche Maß hinaus persönlich betreffen, von den ihm übertragenen Rechten keinen Gebrauch machen (BGH 27.10.1980 II ZR 62/80 = NJW 1981, 744; OLG Karlsruhe 15.12.1995 3 U 26/95).

Ist kein Stellvertreter gewählt, so übernimmt der Protokollant für die Dauer des Redebeitrags des Sitzungsleiters dessen Aufgaben.

Neben dem pauschalen Recht des Sitzungsleiters, den Ablauf der Versammlung zu bestimmen, stehen ihm abgestufte „Ordnungsmaßnahmen" zur Verfügung: Ermahnung, Rüge, Ordnungsruf, Wortentzug, Verweisung aus dem Sitzungssaal, Unterbrechung der Sitzung, Schließen der Versammlung.

Der Sitzungsleiter ist verpflichtet, einen Redner „zur Ordnung" zu rufen, wenn dieser

- einen persönlichen Angriff, kränkende, beleidigende oder provokative Bemerkungen vorträgt,
- nicht zur Sache spricht,
- die zuvor festgesetzte Redezeit überschreitet (hierbei kann sofort nach vorheriger Mahnung das Wort entzogen werden).

Auch andere Teilnehmer der Versammlung (einschließlich der Öffentlichkeit), die durch störende Zwischenrufe und Handlungen wie halblaute Nebenunterhaltungen o. dgl. die Ordnung stören, hat der Sitzungsleiter zur Ordnung zu rufen. Der Ordnungsruf muss sich auch verbal von der einfachen Ermahnung bzw. einer Rüge unterscheiden: Er muss mindestens den Begriff „Ordnung" enthalten. Er selbst und sein Anlass dürfen von den nachfolgenden Rednern nicht behandelt werden. Bleibt er unbeachtet und wird weiterhin in der gerügten Weise verfahren, erfolgt ein zweiter Ordnungsruf, bei dem auf die Folgen eines dritten, nämlich Wortentzug bzw. Verweisung aus dem Saal, hingewiesen werden muss (analog der Regelung in der GO des Deutschen Bundestages)[3].

Der Wortentzug bezieht sich immer nur auf die laufende Debatte (also nicht immer auf den gesamten TOP).

Das Antragsrecht und das Recht auf eine Begründung bleiben grundsätzlich bestehen, es sei denn, der Antragsteller missbraucht diese Rechte, um den Wortentzug zu umgehen. In diesem Fall wird ihm das Wort sofort wieder entzogen. Ein Wortentzug ohne vorherige Ermahnung ist außerdem erlaubt bei

- dem Versuch, in der Begründung oder Gegenrede zu einem Geschäftsordnungsantrag (vgl. Kap. 5) zur Sache zu sprechen und bei
- einem Missbrauch des Rechts auf Zwischenfrage bzw. Zusatzfrage.

---

[3] „Ist ein Redner während einer Rede dreimal zur Sache oder dreimal zur Ordnung gerufen worden und beim zweiten Mal auf die Folgen eines dritten Rufes zur Sache oder zur Ordnung hingewiesen worden, so muss ihm der Präsident das Wort entziehen und darf es ihm in derselben Aussprache zum selben Gegenstand nicht wieder erteilen."

Setzt der Redner nach dem Wortentzug seine Rede oder der zweimal zur Ordnung gerufene störende Teilnehmer seine Aktionen fort, so hat der Sitzungsleiter ihn des Saales zu verweisen.

Gelingt es aber trotz aller Anstrengungen von Sitzungsleiter und Ordnern nicht, Ruhe und eine ordnungsgemäße Fortführung der Versammlung zu gewährleisten, muss der Sitzungsleiter die Versammlung förmlich schließen – durch die Worte: „Die Versammlung ist geschlossen" und durch demonstratives Verlassen des Podiums bzw. Vorstandstisches. Alles, was nun folgt, hat mit der Versammlung nichts mehr zu tun – d. h. liegt auch nicht mehr in der Verantwortung und Haftung des Versammlungsleiters.

Es versteht sich von selbst, dass man erst dann zur nächsten Stufe der zur Verfügung stehenden Mittel greift, wenn schwächere Maßnahmen sich als erfolglos erweisen. Die Verweisung eines stimmberechtigten Mitgliedes aus dem Sitzungssaal stellt einen schwerwiegenden Eingriff in seine Mitgliedsrechte dar, weil sie de facto den Entzug des Stimmrechts bedeutet; sie erfordert eine Störung erheblichen Ausmaßes.[4] Wenn die Satzung die Übertragung des Stimmrechts zulässt, sollte dem Störer die Gelegenheit dazu gegeben werden, bevor er den Saal verlässt. Außerdem sollten Anlass und Tatsache der Wortentziehung und ggf. der übrigen Maßnahmen im Protokoll hinreichend ausführlich festgehalten werden, da eine unberechtigte Maßnahme des Sitzungsleiters u. U. einen Anfechtungsgrund gegen die im weiteren Verlaufe der Versammlung gefassten Beschlüsse darstellen könnte.[5]

3.3 Die Lenkungsfunktion des Leiters

Abgesehen von seiner Aufgabe, den Ablauf der Versammlung formal korrekt zu leiten und die Ordnung aufrechtzuerhalten, soll der Sitzungsleiter die Verhandlung auch inhaltlich führen. Zu diesem Zweck hat er ein „Initiativrecht": Er kann jederzeit Verfahrensvorschläge vortragen und danach verfahren, wenn nicht die Versammlung widerspricht (dann muss er seinen Vorschlag wie einen GO-Antrag behandeln).

So kann der Sitzungsleiter zu Beginn der Sitzung von sich aus eine Redezeitbegrenzung vorschlagen, er kann von der Rednerliste abweichen, indem er das Wort zur direkten Erwiderung („direkt dazu") erteilt oder auf eine längere Rede für

---

[4] BGH NJW 1966, 43.

[5] Der Saalverweis selbst kann nicht angefochten werden, nur Sachbeschlüsse, die nach einem ungerechtfertigten Ausschluss zustande gekommen sind. Die Anfechtung wird aber nicht zum Erfolg führen, wenn der Beschluss nicht auf dem Verstoß beruht (BGHZ 36, 121).

einen Antrag eine dagegen folgen lässt; er kann jederzeit selbst das Wort nehmen, um die Debatte zu gliedern.

Es gehört zu den originären Aufgaben des Sitzungsleiters, die Meinungsbildung und Meinungsfindung durch geeignete Handlungen zu fördern: So wird gerade der fachlich und sachlich kompetente Sitzungsleiter durch Zusammenfassen, das Aufzeigen von bis dahin nicht behandelten Fragestellungen und ein Ordnen der verschiedenen Themenkomplexe die Meinungsbildung erleichtern. Er wird eine breite Beteiligung am Meinungsbildungsprozess fördern, indem er schüchterne Teilnehmer ermutigt, ihre Ansicht vorzutragen und Vielredner eher etwas bremst. (Kelber 1977)

Er soll bei Anträgen Formulierungshilfe leisten, gleichartige zusammenfassen und unklare präzisieren. Oft wird er selbst aus der Diskussion heraus einen Antrag vorschlagen.

Es versteht sich von selbst, dass der Sitzungsleiter bei alledem auf strikte Unparteilichkeit zu achten hat. Insbesondere darf er sein Initiativrecht nicht zum Abwürgen der Diskussion nutzen oder beim Gliedern und Zusammenfassen eigene Ideen und Argumente einflechten.

Nun wäre es vermessen, von jemandem absolute Neutralität zu fordern, der selbst Interesse an der Sache und sicherlich eine Meinung dazu hat. Dieser Aufgabe muss sich der Sitzungsleiter aber so gut es geht stellen, wenn er sein Amt ernst nimmt. Nichts anderes bringt mehr Unfrieden, Unzufriedenheit und ungesunde Spannung in eine Versammlung als ein manipulierender Leiter.

Die Aufgaben und Möglichkeiten des Sitzungsleiters bei Diskussionen und Debatten werden in Kap. 6 ausführlich beschrieben.

Die Sitzung 4

Die meisten Sitzungen laufen in der Praxis immer nach dem gleichen Schema ab, wobei Satzung und Brauch in verschiedenen Gremien den einen oder anderen Punkt überflüssig machen können. In (Meier 2011) und (Meier 2015) werden der typische Ablauf und die hierfür erforderlichen Regularien beschrieben.

Wir wollen uns in diesem Buch in erster Linie mit den „weichen" Faktoren befassen – wie man diese Regeln anwendet, um den eigenen Argumenten zum Durchbruch zu verhelfen.

4.1 Die Wahl des Sitzungsleiters

Einige Satzungen bestimmen, dass der Vorsitzende oder ein anderer Amtsträger die Sitzungen zu leiten hat. In diesem Fall ist nur noch die Frage der Vertretung zu klären.

Manche Satzungen aber verbieten ausdrücklich die Sitzungsleitung durch ein Vorstandsmitglied oder den Vorsitzenden: Er hat einerseits als Einladender schon erhebliche Möglichkeiten der Einflussnahme, andererseits wird er im Verlauf der Sitzung häufig das Wort ergreifen, sich gegen Kritik zur Wehr setzen und Bericht erstatten müssen. Zudem ist er zu sehr Partei in vielen Fragen, als dass er glaubhaft die Rolle des „neutralen Mittlers" oder Moderators spielen könnte.

Man wählt gelegentlich eine dreiköpfige Versammlungsleitung, die sich in Leitung und Protokollführung ablöst.

Der geschickte Taktiker wird dafür zu sorgen wissen, dass er gerade in der entscheidenden Phase mit der Sitzungsleitung an der Reihe ist – entweder um sich zu profilieren, oder aber um die Versammlung behutsam in die gewünschte Richtung zu führen.

© Springer Fachmedien Wiesbaden 2015
H. Meier, *Diskussion und Debatte,* essentials, DOI 10.1007/978-3-658-09314-3_4

Möchte der Sitzungsleiter zur Sache sprechen, übernimmt vorübergehend ein Vertreter die Leitung, damit nicht die Funktionen des Leiters und des Diskussionsredners vermengt werden: Schließlich kann er sich selbst beispielsweise bei Überschreitung der (begrenzten) Redezeit nicht zur Ordnung rufen bzw. das Wort entziehen. In der Praxis wird dieses formell korrekte Verfahren aber viel zu selten konsequent gehandhabt. Ist kein Vertreter gewählt, so übernimmt das der Protokollführer.

> Für den aufstrebenden Nachwuchspolitiker ist die Übernahme und möglichst vollendete Meisterung der Versammlungsleitung der ideale Weg, bekannt zu werden und Parteikarriere zu machen. Kaum etwas empfiehlt besser für weiterführende Aufgaben als eine souveräne und formvollendete, faire Sitzungsführung. Andererseits: Die Blamage einer fehlgeschlagenen, da offengelegten Manipulation oder eine chaotische Sitzungsleitung wird ein Mitglied über lange Zeit für Posten mit Verantwortung disqualifizieren.

Die exponierte Stellung und das Initiativrecht des Sitzungsleiters sollte Sie nicht in die Versuchung führen, der eigenen Sache ein wenig „nachzuhelfen". Durch Ihre betont neutrale Stellung genießen Sie einen beachtlichen Vertrauensvorschuss, der ins Negative umschlägt, wenn Sie ihn missbrauchen: Dem (von Amts wegen) Neutralen nimmt man eine Manipulation viel mehr und viel länger übel als einem einfachen Teilnehmer bei dem man schon eher Verständnis dafür hat, dass er seinem Anliegen zum Erfolg verhelfen möchte.

Verhalten Sie sich als Sitzungsleiter immer so, dass man Sie beim nächsten Mal gern wiederwählt: So können Sie Ihrer Sache und Ihrem Image am ehesten auf Dauer nutzen.

4.2   Die Genehmigung der Tagesordnung (TO)

Ein Standardpunkt fast jeder TO ist die „Genehmigung der Tagesordnung". Wir haben schon im Zusammenhang mit der Einladung gesehen, dass die Reihenfolge der TOPs – wie man das allgemein abkürzt – wichtig sein kann.

Grundsätzlich empfiehlt es sich, die dringenden und die unproblematischen Anträge an den Anfang zu stellen, die dringenden, damit sichergestellt ist, dass sie behandelt werden, die unproblematischen, damit sie bei Schluss der Sitzung auf jeden Fall erledigt sind. Solche Anträge werden – vor allem, wenn sie in Ausschüssen vorberaten sind – häufig „en bloc" abgestimmt.

Man wird weiterhin Anträge, die voneinander abhängen, entweder in einem gemeinsamen TOP aufführen oder aber unmittelbar nacheinander behandeln und darauf achten, dass notwendige Beschlüsse eine „logische" Reihenfolge haben.

Der Einladende hat, wenn die Satzung nichts anderes bestimmt, lediglich das Vorschlagsrecht für die Tagesordnung; die Versammlung ist in deren Gestaltung frei. Wie das genau abläuft, finden Sie in (Meier 2011).

Weil die Reihenfolge der Anträge und Diskussionen oft einen großen Einfluss auf das Ergebnis hat, wird um die TO in vielen Sitzungen hart gekämpft und heiß debattiert. Weit mehr als Sachdiskussionen können sich bei Tagesordnungsdebatten die Emotionen aufschaukeln. Andererseits werden Tagesordnungsdebatten auch benutzt, um vor den Sachanträgen die Mehrheiten festzustellen und Koalitionen auf ihre Festigkeit zu prüfen. Es geht also u. U. bei der ganzen Debatte überhaupt nicht um die Tagesordnung selbst, sondern um eine Kraftprobe oder um eine gruppendynamische Rollenklärung. Vor allem neu zusammengesetzte Gruppen/Gremien verwenden instinktiv solche formalen Fragen gern, um am Anfang der gemeinsamen Beziehung eine „Hackordnung" auszufechten, die dann das folgende Zusammenleben prägt. Ein erfahrener Sitzungsleiter wird das erkennen, es eine Zeit lang laufen lassen und dann zu beenden versuchen. Es kann besser sein, diesem gruppendynamischen Prozess im Vorfeld Raum zu geben, weil es dann bei den – wahrscheinlich wichtigeren – inhaltlichen Fragen später nur noch um die Sache und weniger um Befindlichkeiten geht.

Manchmal wird die Tagesordnungsdebatte genutzt, um etwas Zeit zu schinden, weil eine Fraktion auf verspätete Mitstreiter warten möchte.

Weil die Reihenfolge der Punkte einen ebenso großen Einfluss auf die Entscheidung haben kann wie Sachargumente, verbietet es sich, diese Debatte rigoros abzuschneiden. Wenn dies ein Teilnehmer per GO-Antrag erreicht – umso besser; aber als Sitzungsleiter machen Sie sich nur unnötig Feinde, wenn Sie zu hart einsteigen. Sie können allenfalls vermittelnd einzugreifen versuchen und mahnen. Aber seien Sie hier flexibler, als Sie es später in den Sachdiskussionen sein müssen. Wenn sich die Argumente wiederholen und nichts Neues mehr kommt, sollten Sie auf Abstimmung drängen. Zum Prozedere finden Sie die Details in (Meier 2011).

4.3 Berichte

Fast in jeder Tagesordnung stehen die Berichte des Vorstands und ggf. der Kassenprüfer und ggf. weiterer Amtsträger.

Genaugenommen ist der TOP „Berichte" entweder ein Antrag auf Kenntnisnahme der Berichte oder Vorspann bzw. Aussprache über den folgenden Antrag auf Entlastung. In den Berichten und Diskussionen darüber stellt sich das Vereinsleben am lebendigsten dar: Hier werden alle Mitglieder über (möglichst) alle anstehenden Probleme und vergangenen Ereignisse formell informiert und können Einfluss nehmen.

Gelegentlich wird auf einen mündlichen Vortrag verzichtet und stattdessen ein schriftlicher Bericht verschickt oder per Internet zugänglich gemacht. Andererseits wird – vor allem in kleinen Vereinen – die mündliche Berichterstattung bevorzugt, nicht zuletzt, weil sie meist als lebendiger und unterhaltsamer empfunden wird und man kaum davon ausgehen kann, dass die Mitglieder sich die Mühe gemacht haben, den schriftlichen Bericht zu studieren.

In einem mündlichen Bericht gehen kritische Themen eher im Gesamteindruck unter; man kann so außerdem manches „durch die Blume" sagen, was – schriftlich fixiert – Klagen wegen Geschäftsschädigung, übler Nachrede oder Beleidigung provozieren würden.

Der Vorstand wird in seinem Bericht natürlich alle Erfolge herausstellen und seine Misserfolge und Versäumnisse unerwähnt lassen oder zu verschleiern suchen. Auch dient der Bericht der Selbstdarstellung von Kandidaten für ihre Wiederwahl, denn der Vortragende spricht scheinbar nicht über sich als Person, sondern über seine Funktion, die er vorbildlich wahrgenommen hat. Das kommt ganz anders beim Zuhörer an als die Selbstdarstellung zur Wahl.

Wer nun gegen den Vorstand, seine Kandidaten oder seine Anträge ist, wird also schon bei der Diskussion über den Bericht alle „vergessenen" Misserfolge anführen und wird anhand alter Protokolle nachzuweisen versuchen, dass der Vorstand in einigen Punkten Beschlüsse nicht oder falsch ausgeführt hat. Er wird also die argumentativ starke Stellung des „Sachberichtes" vor allem dadurch erschüttern, dass er klar macht, dass dieser Bericht von Parteilichkeit getragen ist und daher seine Argumente und Feststellungen generell kritisch zu betrachten sind. Es ist aber unklug, wenn diese Angriffe nur von einem einzigen Teilnehmer vorgebracht werden, der dann vom Vorstand leicht als Querulant abqualifiziert werden könnte. Vielmehr wird man schon vorher alle Gleichgesinnten mit Material versorgen und vor allem die dem Vorstand besonders unangenehmen und peinlichen Punkte mehrfach vortragen lassen.

Der Angegriffene wird es ablehnen, auf jeden einzelnen Redebeitrag einzugehen. Er wird vielmehr demonstrativ Notizen machen und die Anwürfe „sammeln" um dann „am Schluss" dazu Stellung zu nehmen. Auf diese Weise ist ein Nachfassen bei unbefriedigender Antwort schon erschwert, die Wiederholung lästiger und unangenehmer Bemerkungen nicht mehr so gefährlich. In der Fülle der Punkte werden manche Einzelthemen untergehen und so wird die Wirkung der Angriffe geschwächt. Dialektisch geschult wird nun der Vorstand in seiner Stellungnahme die schwächsten Punkte der Kritiker herausgreifen und widerlegen oder ihre Unwichtigkeit herausstellen, während die gefährlichen Argumente der Gegner ignoriert oder im Analogiebeschluss als ebenso kleinkariert oder falsch abgetan werden. Taktisch geschickt wird dann auch von einem Getreuen der Antrag auf Schluss der Debatte kommen („Beide Seiten sind ja nun gehört worden!"). Und bei entsprechenden Mehrheitsverhältnissen ist der Vorstand noch einmal davongekommen.

Die Abwehr dieser Praktiken liegt auf der Hand: Man wird das „Sammeln" zu verhindern suchen – zumindest aber auf drei oder vier Wortmeldungen beschränken. Vergessene Punkte wird man (notfalls per Zwischenruf) immer wieder anmahnen und dabei die Taktik offen legen: „Der Vorstand wird schon seine Gründe haben, zu diesem Thema so hartnäckig zu schweigen." Doch sollte man prinzipiell ein zu hartes Vorgehen vermeiden: Oft hat der Vorstand aufgrund seines Bekanntheitsgrades und seiner erworbenen Verdienste eine erhebliche Autorität bei den Mitgliedern. Diese Stellung zu erschüttern, ist sehr schwierig und für die Gruppe, die das vorhat, eine heikle Aufgabe: Nur ungern lässt der Mensch sich die von ihm anerkannte Autorität madig machen. Hier muss man die Taktik der ganz kleinen Schritte anwenden: Nur klare Einzelpunkte, die unwiderlegbar sind, sehr sachlich herausstellen – dabei ruhig die unbestreitbaren Verdienste aus einer früheren Zeit (!) hervorheben.

Das alles darf natürlich nicht von denen kommen, die offenbar darauf brennen, die Nachfolge anzutreten. Denn hier wäre die Absicht zu durchsichtig. Vielmehr muss sich eine Gruppe von Kritikern bilden, die sich mit sachlichen Argumenten und Anträgen selbst eine gewisse Autorität aufbaut, mit deren Hilfe sie dann im rechten Augenblick aktiv werden kann. Selbst wenn der Vorstand in Ihren Augen noch so falsch und bösartig handelt: Verderben Sie nicht unnötig Ihr Image, indem Sie sich in eine Querulanten-, Außenseiter- oder Minderheitenrolle drängen lassen: Die meisten Menschen wollen in einer Gruppe mit dem Strom schwimmen, sie wollen in der Mehrheit sein. Vermeiden Sie es vor allem in der Anfangsphase der Sitzung, sich abzustempeln oder den Eindruck aufkommen zu lassen, zur Minderheit zu gehören. Dann werden alle Ihre Beiträge auch im späteren Verlauf der Sitzung entsprechend gewertet. Das gilt vor allem für an Lebensalter oder hinsichtlich der Vereinszugehörigkeit „jüngere" Teilnehmer.

Abgesehen von der Kritik am Vorstand und seiner Arbeit kann die Aussprache über den Bericht dazu dienen, Grundsatzdebatten zu führen oder Themen zu diskutieren, die in der Tagesordnung nicht vorgesehen waren bzw. deren Aufnahme verweigert wurden. Schon aus Zeitgründen wird der Sitzungsleiter eine solche Debatte zu verhindern oder abzubrechen versuchen – mit dem Hinweis auf die umfangreiche Tagesordnung und die Fülle der wichtigen Punkte, die alle noch abzuschließen sind. Erfahrungsgemäß ist das oft nicht einfach, da am Anfang einer Sitzung viele Mitglieder durchaus die Neigung zu weitschweifigen Diskussionen verspüren und vor allem unerfahrene Teilnehmer ein Abweichen von der genehmigten TO auch als nicht so bedenklich empfinden.

4.4 Wahlen

Nach den Berichten und Entlastungen geht es „zur Sache": Es werden Amtsträger gewählt, Anträge gestellt und schließlich Beschlüsse gefasst.

Uns interessiert in diesem Buch in erster Linie das, was als „Aussprache" oder „Sachdiskussion" bezeichnet wird, also die Phase, in der sich die Teilnehmer durch den Austausch von Argumenten eine Meinung bilden und sodann in Form von Abstimmungen gemeinsam Entscheidungen treffen. Die formalen Abläufe und Regeln finden Sie detailliert in (Meier 2011).

Wahlen sind immer etwas heikel, weil es letztlich um das Beurteilen von Personen geht. Das ist vielen Menschen unangenehm. Aber im Interesse der Sache muss man unter mehreren Bewerbern den für das betreffende Amt am besten Geeigneten herausfinden. Dazu dienen die Vorstellung der Kandidaten und die darauf folgende Aussprache.

Es wird vom Einzelfall abhängen, ob eine Vorstellung und Aussprache überhaupt erforderlich ist. Manchmal gibt es nur einen Bewerber oder man kennt sich so gut untereinander, dass sich eine Aussprache erübrigt.

Sonst stellt sich als erstes die Frage, ob man die Aussprache nach Ämtern getrennt oder gemeinsam vornimmt: Wenn Satzung oder GO kein Verfahren vorschreiben und das Verfahren nicht durch langjährige Praxis feststeht, liegt die Entscheidung bei der Versammlung – meist auf Vorschlag des Sitzungsleiters, der als akzeptiert gilt, wenn kein Widerspruch erfolgt. Man wird möglichst Vorstellung und Aussprache zusammenfassen.

> Eine gesammelte Vorstellung und Aussprache über alle zur Verfügung stehenden Bewerber und Ämter bietet Gelegenheit, schwächere Kandidaten zu schonen, (indem man die Debatte auf andere zu ziehen sucht) oder Einzelne besonders bloßzustellen. Dagegen kann sich der Kandidat am besten wehren, indem er anbietet, „die zahlreichen Fragen zunächst einmal zu sammeln und dann geschlossen dazu Stellung zu nehmen". Er hat dann die Chance, unangenehme Fragen ausweichend oder überhaupt nicht zu beantworten. Ein ihm wohlgesonnener Sitzungsleiter wird dann weitere Fragen abwehren mit dem Hinweis auf die anderen Kandidaten, „die jetzt auch zu Wort kommen wollen". Die gemeinsame Vorstellung bietet vor allem die Möglichkeit, ein „Leitungsteam" herauszustellen: Nicht der einzelne Kandidat ist angesprochen, sondern „die Liste X" oder „die Gruppe Y": So kann auf heikle Fragen der gewandteste Redner antworten, ohne dass dies unangenehm auffällt. Außerdem wirkt eine solche Vorstellung als Team bei einer Personenwahl auf den Wähler insofern suggestiv, als er Hemmungen haben wird, Teamfremde zu wählen, wenn er sich für einen der Kandidaten des Teams entschieden hat.

> Die gesammelte Vorstellung und Aussprache bietet andererseits der Opposition eine hervorragende Gelegenheit, z. B. auf den Bericht des Vorstands zurückzukommen

und seinen guten Eindruck zu verwischen. Sie wird dann den eigenen Kandidaten einfach um Stellungnahme zu vorher verabredeten Punkten bitten, die dieser dann (wohl vorbereitet) in der gleichen gut gegliederten Form und Ausführlichkeit dem Bericht entgegenstellen kann. Dies ist besonders dann wichtig, wenn der „Bericht des Vorstandes" eigentlich eher den Charakter einer Wahl- oder Werbeansprache hatte (ein verschmitzter Hinweis auf diesen Eindruck – eventuell von mehreren Mitgliedern – verfehlt kaum seine Wirkung…).

Grundsätzlich ist das Aufteilen der Fragerunde auf die Kandidaten eher diskussionshemmend, da sie spontane Fragen an einzelne Kandidaten erschwert.

Die Aussprache selbst muss förmlich eröffnet und geschlossen werden, um sie vom formalen Teil eindeutig abzugrenzen. Häufig verlassen die Kandidaten während der Aussprache den Raum, um eine offene und unbeeinflusste Diskussion zu ermöglichen.

Gerade bei der Aussprache über Personen muss der Sitzungsleiter auf persönliche Angriffe achten und sie sofort mit einem Ordnungsruf rügen, um der Gefahr vorzubeugen, dass die Fronten sich verhärten und die Debatte in gegenseitige Beschimpfungen ausartet.

Es ist ein allgemein anerkannter, jedoch oft vergessener Grundsatz, in Personaldebatten einen Antrag auf Schluss der Debatte oder dergleichen nicht zuzulassen, selbst wenn sich die Argumente wiederholen. Es wird am Sitzungsleiter liegen, mit mehr oder weniger behutsamen Hinweisen zu einem Schluss der Aussprache zu kommen.

Nach Abschluss der Aussprache werden die Kandidaten, die den Raum verlassen haben, wieder hereingebeten, damit sie sich an der Wahl beteiligen können.

Wie man solche Wahlen durchführt, wird in detailliert (Meier 2011) und komprimiert (Meier 2015) vorgestellt. Das gilt auch für die Behandlung von TOPs, die Sachanträge beinhalten.

4.5 Anträge, Aussprache

▶ Ein Antrag ist das mündlich oder schriftlich vorgetragene Begehren, eine Handlungsanweisung durch Abstimmung zur Gültigkeit zu führen.

Anträge steuern im demokratischen System alle wichtigen Entscheidungsprozesse. Entscheidungen und Beschlüssen liegen Meinungen, Ansichten und Sachzwänge, aber auch Prestige, Eigennutz und andere Aspekte zugrunde. Dies zunächst freie Spiel der Kräfte findet seinen Ausdruck in verschiedenen Anträgen, welche die

Debatte gliedern und ihr ein Ziel geben. Ohne Entscheidungen geht es im menschlichen Zusammenleben nicht; in der Demokratie müssen diese Entscheidungen von Gremien erarbeitet und getroffen werden.

Nach Abwicklung der Formalien kommt man rasch zum Herzstück der Entscheidungsfindung, zur Aussprache über die einzelnen Anträge. Deren Ziel ist es, alle für die Beschlussfassung wichtigen Meinungen zu hören und gegeneinander abzuwägen. Es ist also besonders wichtig, dass Kritiker und Befürworter des Antrags gleichberechtigt zu Wort kommen können.

Der Erfolg einer solchen Aussprache ist ganz wesentlich von der Kunst des Diskussionsleiters abhängig, dieses Für und Wider so zu organisieren, dass am Ende jeder Teilnehmer genau weiß, worum es in dem betreffenden Antrag geht, was für und was gegen den Antrag spricht, welche Meinung er sich gebildet hat und wie er sich in der Abstimmung verhalten wird. Was man dafür tun kann, steht in Kap. 6.

Achten Sie in der Aussprache auf die Zeit! Oft diskutieren – vor allem unerfahrene – Gremien die ersten TOPs fast beliebig lange und geraten dann in Zeitnot – mit der Folge, dass in späteren TOPs wesentliche Entscheidungen nicht in der nötigen Tiefe diskutiert werden können. Der erfahrene Sitzungsleiter hat sich vorher schon Gedanken über den Zeitbedarf der einzelnen TOPs gemacht und wird im Verlauf der Sitzung immer wieder im Stillen kontrollieren, ob er noch „in der Zeit" ist. Sonst hilft ein Hinweis auf die Uhrzeit und die Angabe der verbleibenden Minuten, eine fruchtlose Diskussion abzukürzen.

Im Laufe der Aussprache werden vielleicht Ergänzungs-, Zusatz- oder Änderungsanträge gestellt und erörtert. Die hohe Kunst, einerseits die formalen Regeln einzuhalten und andererseits der Meinungsbildung ausreichend Raum zu lassen, wird man nicht allein aus Büchern lernen können. Aber gerade Leiter mit wenig Erfahrung tun gut daran, sich vor der Sitzung mit den formalen Regeln vertraut zu machen und sie strikt zu beachten.[1]

Auch wenn die Geschäftsordnung das schriftliche Einreichen auch von Änderungsanträgen nicht bindend vorschreibt, sollte man die Antragsteller eindringlich darum bitten. Dies erleichtert auch dem Protokollanten die Arbeit und schafft klare Verhältnisse. Am besten ist es, wenn der Versammlungsleiter oder der Protokollant per Laptop und Beamer die Anträge für alle Teilnehmer sichtbar „an die Wand werfen" kann, so dass jeder stets vor Augen hat, was zur Abstimmung steht.

Der Sitzungsleiter muss vor allem bei den spontan gestellten Anträgen auf klare Formulierungen achten und soll dabei gegebenenfalls Hilfestellung leisten: Ein

---

[1] Sehr hilfreich sind dafür die Flussdiagramme in (Meier 2011) und im Download-Bereich der Internetseite www.ZurGO.de.

Antrag muss unmissverständlich formuliert sein und sich eindeutig mit Ja oder Nein – Für oder Gegen – beantworten lassen.

Ein erfahrener Sitzungsleiter wird schon in dieser Phase Anträge zusammenfassen und zu gliedern versuchen – meist wird das auch von den Beteiligten gern akzeptiert.

Natürlich gibt es dabei reichlich Gelegenheit, die Wortwahl im Sinne eigener Vorstellungen zurechtzubiegen. Es gibt wahre Wort-Artisten, denen es gelingt, verschiedene Anträge unterschiedlicher Richtung so „zusammenzufassen", dass die eigenen Ideen verwirklicht werden und die meisten Beteiligten einigermaßen zufrieden und – über den vorgeschlagenen „Kompromiss" erleichtert – zu Abstrichen bereit sind.

Unsichere Antragsteller ziehen ihr berechtigtes Anliegen manchmal schon zurück, wenn der Sitzungsleiter um exakte Formulierung bittet, bzw. – massiver – Bedenken gegen den Antrag äußert („Na ich weiß nicht recht, Herr Schmid, was das eigentlich soll – nun gut, Sie müssen's ja wissen! Aber so etwas müssen Sie schon schriftlich einreichen, sonst können wir das nicht behandeln."). Wenn er merkt, dass seine Beeinflussung wirkt, wird der Sitzungsleiter den Antrag später einfach „vergessen", und nicht zur Abstimmung stellen – in der Hoffnung, der Antragsteller werde wohl zu verunsichert sein, um zu protestieren.

Ist die Meinungsbildung abgeschlossen, die Rednerliste erschöpft, muss der Sitzungsleiter formal die Aussprache abschließen.

Oft werden Debatten schon vorher durch einschlägige Geschäftsordnungsanträge abgebrochen, die vor allem bei einer umfangreichen Tagesordnung nicht selten das einzige Mittel sind, langatmige Diskussion zu verhindern.

Am Ende der Sachdiskussion muss klar sein, worüber nun abgestimmt werden soll. In der nun folgenden Phase der Abstimmung sind Sachbeiträge zu den Anträgen nicht mehr zulässig. Die Tatsache der laufenden Abstimmung, der Inhalt des Antrags und das Votum müssen nun jedem Stimmberechtigten klar sein.

Die in den Abstimmungen verwendete Formel muss kurz, prägnant und eindeutig sein.

Die Regeln zur formalen Abwicklung finden Sie detailliert in (Meier 2011) und komprimiert in (Meier 2015).

Geschäftsordnungsanträge 5

> Ein „Antrag zur Geschäftsordnung" (GO-Antrag) ist das Begehren, das
> laufende Verfahren in einer bestimmten Weise zu beeinflussen.

Im vorigen Kapitel fiel der Begriff GO-Antrag. GO steht für „Geschäftsordnung".
Das ist ein Regelwerk, in dem die Bestimmungen zusammengefasst sind, die den
Ablauf einer Sitzung regeln. Eine geschriebene GO existiert oft nicht: Vielmehr
werden meist bestimmte Verfahrensweisen schon seit langer Zeit als Gewohnheits-
recht praktiziert und sind als geltende Richtlinien allgemein anerkannt.

Ein GO-Antrag kann zum Ziel haben, die anstehende Entscheidung zu ver-
schieben; das sind die Anträge auf

- Vertagung der Versammlung
- Absetzen des Verhandlungsgegenstandes von der Tagesordnung
- Übergang zur Tagesordnung
- Nichtbefassung mit einem Antrag
- Vertagung eines Verhandlungsgegenstandes
- Verweisung an einen Ausschuss
- Sitzungsunterbrechung.

Er kann auch – das sind die häufigsten Anwendungen – die Diskussion vermeiden
oder beenden; das sind die Anträge auf

- Schluss der Debatte bzw. der Rednerliste; Verzicht auf Aussprache
- Begrenzung der Redezeit
- Verbindung der Beratung

© Springer Fachmedien Wiesbaden 2015
H. Meier, *Diskussion und Debatte*, essentials, DOI 10.1007/978-3-658-09314-3_5

Andere GO-Anträge regeln das formale Verfahren; das sind u. a. die Anträge auf

- Ausschluss der Öffentlichkeit
- Vertraulichkeit der Beratung
- Besondere Form der Abstimmung
- Feststellung der Beschlussfähigkeit
- (Wiederholung der) Auszählung der Stimmen
- Worterteilung zur Abgabe einer persönlichen Erklärung
- Erklärung außerhalb der Tagesordnung
- Wiederaufnahme der Sachdiskussion

Details zum Inhalt von GO-Anträgen und ihre korrekte Abwicklung finden Sie ausführlich in (Meier 2011) und komprimiert in (Meier 2015).

Diskussion und Debatte 6

Schwerpunkte dieses Kapitels sind die unterschiedlichen Diskussionsformen mit ihren Besonderheiten, die Diskussionstechnik und -taktik sowie die Grundlagen der Gesprächsführung und -lenkung. Eine ausführlichere Anleitung für die Lenkung eines fairen Meinungsbildungsprozesses in Gruppen findet sich in (Kelber 1977).

Weitere Literatur, die dem Interessierten die Möglichkeit gibt, tiefer in das Thema einzudringen enthält das Literaturverzeichnis in www.ZurGO.de.

6.1 Diskussionsformen

Wird in Gruppen oder Gremien diskutiert, kann das sehr unterschiedliche Anlässe und Ziele haben. Danach richten sich dann auch die Form der Veranstaltung, ihre Organisation und ihre Leitung.

1. Referat mit Aussprache

Nach der Eröffnung der Versammlung hält ein Sachverständiger ein Referat über ein allgemein interessierendes Thema, über das anschließend eine Aussprache durchgeführt wird.

In Ortsverbänden von Parteien ist diese Form der Diskussion sehr häufig anzutreffen, da einerseits der Bildungsauftrag der Parteien in dieser Weise erfüllt wird, andererseits die Tagesordnung einer Routinesitzung oft nicht genügend Punkte aufweist, um einen ganzen Abend bestreiten zu können.

Der Referent sollte nicht die Sitzungsleitung übernehmen. Wortmeldungen zur Aussprache – soweit es sich nicht um kurze Verständnisfragen handelt, die sofort beantwortet werden können, sind erst nach Abschluss des Referats zugelassen.

© Springer Fachmedien Wiesbaden 2015
H. Meier, *Diskussion und Debatte,* essentials, DOI 10.1007/978-3-658-09314-3_6

Üblicherweise werden nach dem Referat zunächst Fragen zum Inhalt gestellt (Verständnisfragen, Bitten um genauere Erläuterung von Einzelpunkten etc.), erst dann wird eine Diskussion über den Inhalt zugelassen.

Nach einer gewissen Zeit, die zur Klärung offen gebliebener Fragen und Ergänzung des im Referat dargebotenen Stoffes dient, sollte sich eine Diskussion unter den Zuhörern bilden, in die der Referent dann nur noch gelegentlich eingeschaltet wird. Denn eine kritische Reflexion des Stoffes innerhalb der Gruppe bringt eine ganz erhebliche Steigerung von Lernerfolg und Gruppenzusammenhalt, was ja letztlich der Sinn der Zusammenkunft ist. Wie der Sitzungsleiter hier unterstützend tätig sein kann, wird im Kap. 6.3 ausführlicher geschildert.

2. Debatte oder „Parlamentarische Debatte"

Zum Verhandlungsgegenstand wird von einzelnen Rednern in meist längeren Reden vom Pult aus gesprochen (Beispiel: Bundestagsdebatten). Die Argumente werden gesammelt und gegliedert vorgetragen. Zwischenfragen sind gestattet, sofern der Redner sie zulässt. Er kann ohne Begründung einzelne Meldungen und Zwischenfragen überhaupt ablehnen. Häufig ist die Redezeit pro Wortbeitrag oder Fraktion begrenzt.

Recht beliebt – und das „Salz in der Suppe" – sind die Zwischenfragen, mit denen man selbst bei routinierten Debattenrednern immerhin den Redefluss stören und Unruhe in die Versammlung bringen kann. Andererseits kann ein wirklich schlagfertiger Redner mit einer geistreichen und treffenden Antwort erhebliche Sympathien auf sich ziehen. Und eine mit Zwischenfragen und gekonnten spontanen Antworten gewürzte Debattenrede ist viel spannender und damit wirkungsvoller als ein monoton abgelesener Vortrag. Dennoch: Wer eine sorgsam ausgearbeitete Rede vorträgt, sollte schon beim ersten Wunsch nach einer Zwischenfrage darauf hinweisen, dass er grundsätzlich keine Fragen zulassen will und sich auch dann daran halten, wenn Zwischenrufe zu provozieren suchen.

Viele Redner scheuen sich, Zwischenfragen abzulehnen, weil sie glauben, dies mache einen schlechten Eindruck. Doch wird die Wirkung einer rhetorisch sorgfältig vorbereiteten Rede durch zu häufige Zwischenfragen so sehr gestört, dass auch exzellente und für ihre Schlagfertigkeit bekannte Politiker Zwischenfragen in solchen Fällen von vornherein ablehnen.

3. Diskussion

Zum Verhandlungsgegenstand wird von den einzelnen Rednern nach Worterteilung vom Sitzplatz aus gesprochen. Die jeweilige Redezeit bleibt meist unter zwei

Minuten. Will sich der Sitzungsleiter selbst zu Wort melden, gibt er die Sitzungs-leitung vorübergehend ab.

Zwischenfragen sind nicht zugelassen – der Fragende kann sich wie jeder An-dere zu Wort melden. Ausgenommen sind offensichtliche Verständnisfragen.

4. Podiumsdiskussion

Vor einem Zuhörerkreis diskutiert ein kleiner Kreis (meist von Sachverständigen oder Prominenten) über ein allgemein bekanntes Thema. Manchmal ist nach einer gewissen Zeit eine Einflussnahme oder Teilnahme des Auditoriums möglich. Zwi-schenfragen und Verständnisfragen sind jederzeit erlaubt. Die Diskussion selbst bleibt aber in der Podiumsrunde.

5. Talkshow, Streitgespräch

Sonderform der Podiumsdiskussion: Nach einer Einleitung durch einen Moderator diskutieren eingeladene Gäste relativ frei miteinander. Der Moderator stellt Fra-gen, gibt Anstöße, reißt Themen an und hakt im Interesse der Zuhörer bei Unklar-heiten nach.

Ziel ist die Darstellung der Unterschiede in den Positionen und die Abgrenzung vom Gegner. Mehr noch als bei fast allen anderen Formen geht es hier überhaupt nicht darum, den Diskussionspartner zu überzeugen, denn der wird in der Regel als Vertreter einer bestimmten Meinung eingeladen. Die Beteiligten wollen aus-schließlich die Zuschauer informieren und überzeugen.

Das Erfolgsrezept sind Vorbereitung und Disziplin. Man hüte sich davor, eine zu große Anzahl von Argumenten in einem Wortbeitrag unterzubringen. Wer schon am Anfang alle Argumente bringt, gibt dem Gegner die Gelegenheit, sich die schwäche-ren herauszusuchen und zu widerlegen. Die ganze Diskussion dreht sich dann nur um die schwachen Argumente und es entsteht bei den uninformierten, eher neutralen Zuhörern der Eindruck, dass wohl auch alles andere wenig relevant ist: Der gesamte Redebeitrag und die darin vertretene Position bleiben als widerlegt im Gedächtnis des Zuhörers.

Zudem kann der Gegner seine eigenen guten Argumente zunächst einmal zurück-halten und dann später mit noch nicht angesprochenen Aspekten massiv in die Offen-sive gehen. Man kann dann zwar noch versuchen, diese Argumente zu zerpflücken und ihre Wirkung zu schmälern, aber wenn das eigene Pulver bereits verschossen ist und der Gesamteindruck sich schon zugunsten des Gegners verschoben hat, wird es schwierig.

6. Hearing

Mehrere Fachleute nehmen (meist in Form von Referaten) zu einem festgelegten Problem Stellung. Vor allem gebräuchlich im Anhörungsverfahren bei der Gesetzgebung und zur Information der Bevölkerung durch Bürgerinitiativen und Verbände. Eine öffentliche Fragestunde bzw. Diskussion kann sich anschließen, häufig auch eine Podiumsdiskussion (s. Ziff. 4).

7. Tagung oder Symposium

Über wissenschaftliche Fragen wird vor einem großen Zuhörerkreis in mehreren Vorträgen informiert. Es sind nur Zwischenfragen zulässig. Daran kann sich eine Podiumsdiskussion anschließen oder nach Aufteilung in kleinere Gruppen eine moderierte Diskussion mit anschließendem Plenum.

8. Konferenz

Mehrere Fachleute kommen zusammen und besprechen gemeinsame Probleme. Konferenzen dienen der Information, der Entscheidungsvorbereitung und gemeinsamen Entscheidung oder der Interpretation von Entscheidungen.

Formal laufen auch Konferenzen nach den in diesem Buch beschriebenen Regeln ab: Auch hier gibt es Eröffnung, Tagesordnung und Diskussionen nach Rednerliste.

Der Konferenzleiter muss immer wieder versuchen, die Diskussion zu gliedern und zusammenzufassen.

Dank seiner Stellung, oft auch hierarchiebedingt, hat er die Möglichkeit, einzelne Teilnehmer direkt anzusprechen und Themenbereiche zurückzustellen oder anzuregen, ohne dass – wie z. B. in einer politischen Diskussion – der Teilnehmerkreis oder der Einzelne sich dadurch gegängelt oder provoziert fühlen wird.

Die speziellen Aspekte der Vorbereitung, Durchführung und Leitung von Konferenzen zu behandeln, würde Anliegen und Rahmen dieses Buches sprengen – vieles aber ist ähnlich, im Übrigen sei auf die einschlägige Literatur verwiesen.

6.2   Technik und Taktik der Diskussionen

Es genügt nicht, eine eigene Meinung zu haben. Man muss sie artikulieren, begründen und – insbesondere in eher fachlichen Diskussionen – plausibel machen können. Denn in der Regel will man die eigene Meinung nicht nur wertfrei darstellen, sondern man will erreichen, dass die Mehrheit der Zuhörer bereit ist, den eigenen Argumenten zu folgen und einem Antrag zuzustimmen oder ihn abzulehnen.

Die bloße eigene Meinung und selbst die besten subjektiven Gründe überzeugen nicht: Nur objektive (besser gesagt: für den anderen subjektiv plausibel erscheinende) Gründe und Anreize können umstimmen. Das bedingt eine aktive, auf den Partner gerichtete, zielbewusste und erfolgsorientierte Kommunikation. Das unterscheidet die in diesem Buch in erster Linie betrachteten Gremiensitzungen von z. B. Problemlösungs-Konferenzen, in dem es um das gemeinsame Suchen und Finden einer optimierten Vorgehensweise geht.

Der Vorrat an möglichen Argumenten ist begrenzt, ihre Überzeugungskraft unterschiedlich, manche bauen aufeinander auf. So sind neben ihrer Auswahl eine Gliederung, die Festlegung der zeitlichen Abfolge und ein Haushalten mit der zur Verfügung stehenden Menge der Argumente erforderlich.

Nicht nur das „Was" und „Wann", sondern auch das „Wie" ist wichtig: Eine Statistik wird man beispielsweise ganz anders vortragen als den Appell an das Gute im Menschen. Man wird sich auf den Stand der Diskussion, auf das „Klima" der Verhandlung und insbesondere auf die Menschen einstellen, die man überzeugen möchte.

> Argumentiert man aus einer Gruppe heraus, ist es auch wichtig, wer welches Argument vorträgt: So wird das Publikum wissenschaftliche Argumente einem promovierten Physiker eher abkaufen als der jungen Mutter aus dem Nachbarhaus.

Neben den Sachargumenten sind auch eine Reihe anderer Dinge wichtig, die ihren Ursprung im emotionalen Verhältnis zum Diskussionspartner haben: Ihr Gegenüber muss fühlen, dass man ihn nicht wie eine Maschine mit Informationen füttern will, sondern dass ein Mitmensch mit emotionalem Engagement ihm zuhört und mit ihm spricht.

Ihr Partner möchte sich ernstgenommen sehen, möchte Ihre Aufmerksamkeit für seine Situation, seine Meinung und seine Bedürfnisse spüren und Ihre Bereitschaft, mit ihm zu „kommunizieren".

Je nachdem, wie sich das Auditorium zusammensetzt, werden Sie Ihre Argumente vortragen: In einer Vorstandssitzung werden Sie anders sprechen als in einer Elternversammlung und in einer Kreistagssitzung anders als im Sportverein.

Fehlt es Ihnen am Interesse für Ihr Gegenüber, so werden Sie es als Diskussionsteilnehmer kaum allzu weit bringen – es sei denn, Sie sind ein großartiger Schauspieler.

Hüten Sie sich – vor allem im emotionalen Bereich – vor Tricks und Verstellung: Kaum etwas wird so sehr übelgenommen, wie Manipulation in zwischenmenschlichen Beziehungen (Sachse 2014). Manche Menschen werden Ihnen einen solchen Vertrauensbruch ihr Leben lang ankreiden.

Diskutieren lernt man nur in der Praxis. Mit Seminaren und Büchern schafft man vor allem den schnellen und gründlichen Einstieg; sie unterstützen den praktischen Teil des Lernens.

Dem Anfänger sei empfohlen, die einschlägigen Talkshows im Fernsehen zu beobachten und zu versuchen, „an den Inhalten vorbei" auf die Sprache, die Haltung und den Ausdruck der Diskutanten zu achten. So können selbst die eher langweiligen Sendungen – losgelöst vom Thema – teilweise richtig spannend werden.

Der zweite Schritt, die eigene Teilnahme an Diskussionen fällt dann schon leichter. Sehr hilfreich ist es, vorab bereits die eigene Argumentation zu planen und sich einen „Schlachtplan" zurechtzulegen.

Wie schon erwähnt wurde, soll die Diskussion die Unentschlossenen oder möglicherweise Wankelmütigen ansprechen. Machen Sie sich immer wieder klar: Wenn sich Parteivorsitzende zur Bundestagswahl in einer Fernsehdiskussion streiten, wollen sie nicht den Kontrahenten überzeugen, sondern zielen auf den zuhörenden „Wechselwähler". In den meisten Versammlungen ist das genauso: Adressat der Argumente ist nicht der Debattengegner, sondern die noch Unentschlossenen, Schwankenden. Auf deren Beeinflussung müssen Sie Ihre Beiträge ausrichten!

6.3 Die Diskussionsleitung

Neben den eher formalen Pflichten des Sitzungsleiters (siehe Kap. 3) gehört zu seinen Aufgaben auch die Leitung und Lenkung von Diskussionen. Die Hauptregel in allen Diskussionen ist: Der Gesprächsleiter ist neutral!

Natürlich verlangt das keine totale Selbstverleugnung: Auch ohne es zu wollen, werden Sie in Zusammenfassungen die Argumentation, der Sie zuneigen, geschlossener und besser gegliedert vortragen können als eine andere, die Ihnen eher fremd ist. Doch hat auch das Durchdenken und Gliedern fremder Ansichten häufig Nebenwirkungen: Entweder – und das ist gut so – Sie lernen „die Anderen" besser verstehen und finden vielleicht „den" Kompromiss oder Sie entdecken beim „Nach-Denken" den entscheidenden Widerspruch und Fehler und können von daher den Entscheidungsprozess abkürzen.

Wie verhält man sich als Teilnehmer, wenn der Diskussionsleiter manipuliert? Zunächst wird man sich fest vornehmen, ihn nie wieder in dieses Amt zu wählen. Dann wird man seine Manipulationsversuche – besonders die durchsichtigeren – genüsslich der Versammlung schildern: Vor allem die Unschlüssigen werden schon den Versuch übel nehmen. Selbst wenn der Leiter und die ihm nahestehende Fraktion das alles als dummes Zeug abtun, ist die Sensibilität und Wachsamkeit der Versammlung erhöht und mithin jede weitere Manipulation erschwert.

Übertreiben Sie aber die Angriffe nicht, denn der Leiter besitzt stets einen gewissen Vertrauens- und Autoritätsvorsprung: Er kann Sie als notorischen Querulanten hinstellen und damit auch Ihre Sachargumentation stören. Deshalb ist es günstiger, wenn die Angriffe von mehreren Rednern – scheinbar unabhängig voneinander – vorgetragen werden: Dies erschwert solche Versuche und ist ohnehin wirkungsvoller.

6.3.1   Teilnehmertypen

Führen heißt zuhören, erkennen und handeln.

Vor allem in der Leitung von Diskussionen gilt es, die Eigenart der Teilnehmer zu erkennen und auf jeden individuell einzugehen. Das ist das eigentliche Geheimnis einer als gelungen empfundenen Diskussion und die eigentliche Kunst des Moderators in „offenen" Diskussionsformen.

Einige „Typen" und wie man mit ihnen umgeht, sind im Folgenden beschrieben. Für das genauere Studium der „Typologie" und einen konstruktiven Umgang sei auf (Kelber 1977) verwiesen.

1. Streitlustige und allzu Temperamentvolle
… muss man bei allzu radikalen Thesen dämpfen. Hauptziel des Diskussionsleiters ist bei solchen Teilnehmern, die Emotionen nicht überhand nehmen zu lassen und das Klima zu beeinflussen. So kann man etwaige zu provokant vorgetragene Äußerungen gemäßigt wiederholen und auf diese Weise das inhaltlich Wertvolle bewusst machen.

Das leitet man z. B. durch einen relativierenden Satz ein („Das klang vielleicht etwas provokant, aber lassen Sie uns mal den sachlichen Kern betrachten: Herr X meint, …"). Oder man fragt gezielt nach einer Stellungnahme zum „inhaltlichen Kern" des Beitrags („Ein interessanter Gedanke – die Form lassen wir jetzt mal unkommentiert – gibt es zum eigentlichen Kern des Beitrags, nämlich …, Meinungen?").

2. Schüchternen und unsicheren Teilnehmern
… versucht man durch direkte Fragen und ermunternde Gesten die Scheu zu nehmen und durch vorsichtig positive Wertungen ihr Selbstbewusstsein zu heben.

Vielleicht wird man bei einer etwas unglücklich formulierten Aussage mit entsprechendem Taktgefühl den Inhalt im Sinne einer Bekräftigung, aber etwas verständlicher wiederholen.

3. Redselige

… und solche, die zu wirklich jedem Thema ihre Meinung absondern, muss man frühzeitig bremsen – vielleicht mit der deutlichen Bitte, „auch andere Teilnehmer zu Wort kommen zu lassen".

Ein probates Mittel, solche Leute wenigstens teilweise „außer Gefecht zu setzen" ist es, sie mit irgendwelchen Aufgaben (Protokollführung, Mandatsprüfung und dergleichen) zu betrauen. Auch kann der Sitzungsleiter die Wortmeldung des allzu Redseligen gelegentlich „übersehen", indem er den unmittelbaren Blickkontakt meidet.

4. Querulanten

…, die sich zu fast jedem Thema – aber stets negativ – äußern, wird man ähnlich begegnen müssen wie den Streitlustigen und Redseligen.

Es steht dem Diskussionsleiter durchaus zu, den betreffenden Teilnehmer spätestens beim dritten, vierten Mal behutsam zu „konstruktiven" Beiträgen aufzufordern.

5. Langatmige

… Reden eines Teilnehmers führen oft dazu, dass auch andere meinen, ebenfalls länger sprechen zu müssen.

Daher wird man kurze, prägnante Statements loben und nach einigen zu langen Beiträgen darauf hinweisen, dass „es die Diskussion fördern würde, wenn jeder sich stets auf nur einen Gedanken oder ein Argument beschränkt und sich besser später im Verlauf der Diskussion noch einmal zu Wort meldet."

6. Langweiler

… verursachen das entgegengesetzte Problem: Solche Leute hocken dumpf und uninteressiert auf ihrem Platz und demonstrieren schon durch Miene und Körperhaltung Langeweile. Andere wollen vielleicht auf diese Weise zeigen, dass ihnen „eigentlich die ganze Richtung nicht passt", tragen aber inhaltlich nichts zur Sache bei. Damit bringen sie schlechte Stimmung in die Gruppe.

Man wird versuchen, solche Teilnehmer aktiv in die Diskussion einzubeziehen – zum Beispiel durch direkte Fragen. Vielleicht stellt sich dann die Ursache für ihre Haltung heraus und kann ausgeräumt werden. Oder der Betreffende positioniert sich ausreichend klar als außerhalb der Gruppe stehend, dann ist sein Verhalten besser zu ertragen.

Oft hilft es schon, durch eine direkte Frage dem Betreffenden zeigen, dass man ihm und seiner Meinung Aufmerksamkeit schenkt, so dass er von sich aus nun konstruktiver mitzuarbeiten beginnt.

Der Leiter wird sich also um solche Teilnehmer ähnlich bemühen wie um die Schüchternen oder versuchen, sie sinnvoll zu beschäftigen (Protokollführung, Rednerliste, Wahldurchführung) und so zur Aktivität zu bewegen.

7. Taktiker

… unter den Teilnehmern versuchen gern, die Debatte am Leiter vorbei zu steuern: Sie führen mit geschickten Fragen die Diskussion – oft unbemerkt – in eine Richtung, die von der Mehrheit der Gruppe eigentlich nicht beabsichtigt war, und übernehmen so die Rolle der eigentlichen Leitung.

Der Leiter muss hier – vor allem für den Taktiker deutlich spürbar – reagieren, denn der wird es sonst immer schlimmer treiben. So wird er die Fragen nur dann an die Gruppe weitergeben, wenn sie in den Zusammenhang passen oder die Arbeit weiterbringen. Sonst wird er den Vorschlag machen, „diesen Aspekt noch etwas zurückzustellen und zunächst an dem eigentlichen Thema weiterzuarbeiten".

Er behält so erkennbar die Initiative, indem er Impulse aufgreift und der Gruppe den Eindruck vermittelt, die aus „ihr selbst kommenden Anregungen" lediglich gegliedert und gebündelt und auf das gewünschte Ergebnis hin geordnet weiterzuleiten. Denn genau das ist die Funktion des Diskussionsleiters.

8. Der Prominente

… beglückt die Versammlung mit seiner Anwesenheit und beansprucht ein ganz besonderes Fingerspitzengefühl. Das kann in der Konferenz der Firmenchef sein oder in der Parteiortsgruppe ein Minister oder im Verein der Hauptfinanzier und Gründungspräsident. Solche Teilnehmer behindern – oft ungewollt – eine freie Diskussion: Rücksichten, die Furcht vor einer Blamage und die allgemeine Unsicherheit gegenüber einem „Prominenten" dämpfen die Bereitschaft zur Diskussion. Oder die Profilierungssucht einiger Teilnehmer und der Versuch, sich im Ruhme des Gastes zu sonnen, führen zu Schaufensterreden.

Hinzu kommt, dass das „hohe Tier" zwei gefährliche Verhaltensweisen zeigen kann:

Im einen Fall will er „nur mal zuhören, was an der Basis vorgeht" und verhält sich wie der Zuschauer im (schlechten) Theater und hört nach einiger Zeit nur noch mit mühsam versteckter Langeweile stumm zu.

In diesem Fall wird der Leiter, diese für die Gruppe unzumutbare Haltung durchbrechen, indem er z. B. den betreffenden Gast bittet, aus seiner reichen Erfahrung ein klärendes Wort zu sprechen. Das lockert auf und vermeidet die Peinlichkeit der Situation, kann aber heikel sein, weil dann manche Teilnehmer es nicht mehr wagen, eine entgegengesetzte Ansicht zu vertreten.

Im anderen Fall reißt der Gast die „Diskussion" weitgehend an sich: Dominant formuliert er Meinungen und Standpunkte, hält belehrende Grundsatzreferate und fabuliert aus seiner Vergangenheit. Solche Leute scheren sich auch um den Leiter nicht viel, nehmen das Wort, wann es ihnen passt und kanzeln Gruppe und Einzelteilnehmer ungerührt ab

Als Leiter wird man dezent den Gast bitten, die „bei uns üblichen Spielregeln" zu respektieren. Meist allerdings wird man die Situation mit der nötigen Geduld ertragen und gute Miene zum bösen Spiel machen müssen.

Außer in einer Vortragsveranstaltung mit anschließender Aussprache setzt man deshalb beide „Sorten" Ehrengast eher nicht neben den Leiter. Besser ist ein Platz in der Runde; dabei ist darauf zu achten, dass jeder Teilnehmer den Gast sehen kann. Da mit der Platzierung stets auch ein wenig die Eitelkeit des Gastes angesprochen wird, sollte man dem Rechnung tragen: So kann man für den Gast einen Platz reservieren und den Vorstand um ihn herum gruppieren. Oder man überlässt am Anfang dem Gast die Platzwahl; dann kann der Vorstand ihn umrahmen und anschließend der Sitzungsleites sich den nun für ihn günstigsten Platz aussuchen. Kommt der Gast später, wird der Vorstand ihn an der Tür empfangen und mit ihm zusammen die reservierten Plätze einnehmen. Die Begrüßung und Vorstellung erfolgen dann durch den Sitzungsleiter.

6.3.2 Gesprächsführung in Vortragsveranstaltungen

Bevor es zur eigentlichen Diskussion kommt, werden Sie als Sitzungsleiter oder Veranstalter bereits aktiv geworden sein: Es sollten die im Kap. 2 erwähnten Vorbereitungen getroffen sein.

Für die Diskussion selbst sind neben der Kenntnis der Namen von Referent(en) und Teilnehmern grundlegende Kenntnisse über das behandelte Thema Wünschenswert.

Wichtig ist der Platz für die Sitzungsleitung: Möglichst jeder Teilnehmer muss sie gut sehen können.

Zur Vorbereitung kann auch die Bitte an ein, zwei Teilnehmer gehören, bei der Aussprache mit „spontanen" Wortmeldungen die Diskussion in Gang zu bringen. Denn sehr häufig ist der Diskussionsbeginn vor allem nach langen, ermüdenden Referaten schwierig.

Bleiben Wortmeldungen aus, so haben Sie Ihre erste Bewährungsprobe zu bestehen: Vermeiden Sie Kritik, Gegenmeinungen oder Sätze wie „Ich habe in dem Vortrag vermisst, dass…" und erst recht das darauf folgende „ergänzende" Referat. Viel besser ist die einfache Verständnisfrage oder die Bitte, einen Einzelaspekt noch einmal zu erläutern.

Auf keinen Fall sollte der Leiter versuchen, mit provokanten Meinungsäußerungen „die Leute aus der Reserve zu locken". Abgesehen davon, dass Provokation mit Stellung und Autorität des Leiters ohnehin unvereinbar ist, bestimmt er damit leicht den Ton der folgenden Debatte und verführt zum Austausch von Unfreundlichkeiten.

Bleiben spontane Beiträge aus, hilft ein ermunterndes Nicken oder auch behutsames Ansprechen eines Teilnehmers, bei dem man eine Frage vermutet, über die letzte Schwelle hinweg.

Vor allem nach einer brillant vorgetragenen und auf ein imposantes Ende entwickelten Rede bleiben oft Fragen aus, denn keiner will diesen Eindruck stören. Das kommt auch vor, wenn ein Experte, ein Prominenter oder ein sehr einflussreiches Mitglied gesprochen haben, vor denen sich die Teilnehmer nicht „blamieren" wollen. Auch in solchen Fällen wird eine ganz knappe Würdigung durch den Leiter und eine dann angeschlossene bewusst „einfache" Verständnisfrage an den Referenten vielleicht solche Hemmungen lösen. Denn so demonstriert er, dass auch „ganz einfache" Fragen erlaubt sind.

Vor allem nach einem sehr trockenen Vortrag kann der Leiter mit einer bewusst plastischen Darstellung eines Beispiels oder das Erzählen einer konkreten Begebenheit, die zum Vortragsinhalt Bezug hat, die Situation lockern. Dann gibt er dem Referenten Gelegenheit, seine Theorie an diesem praktischen Fall zu erläutern. Oder der Leiter fragt den Referenten nach Anwendungs- und denkbaren Grenzfällen – und bittet dann das Auditorium um weitere Beispiele.

Die Diskussion soll der Leiter zunächst einmal in der Reihenfolge der Wortmeldungen ablaufen lassen. Bei Fragen an den Referenten wird er vielleicht Zusatzfragen oder nach der Antwort noch Rückfragen außer der Reihe zulassen.

Hier schon lenkend einzugreifen, dämpft die Kreativität und Spontaneität der Teilnehmer – vor allem derjenigen, die eine längere „Anlaufzeit" brauchen, bevor sie ihre – oft wohlfundierten und durchdachten – Beiträge anmelden.

Vor allem unsichere und schlecht vorbereitete Referenten töten die Aussprache gern mithilfe sehr weitschweifiger allgemein gehaltener Antworten: Selbst auf kurze und prägnante Fragen wiederholen sie als „Antwort" ein Stück des soeben gehörten Vortrags oder tragen aus ihrem übrigen „Standardrepertoire" etwas vor, das mit der Frage wenig zu tun hat.

Fragen an den Referenten zu „sammeln", damit dieser dann ebenfalls „gesammelt" antwortet, ist ein sicheres Mittel, eine echte Diskussion gar nicht erst aufkommen zu lassen. Wie im Gespräch lebt Diskussion von Rede und Gegenrede, Frage und Antwort. Nur so können Vortragender und Publikum „auf Augenhöhe" kommunizieren.

Bei kritischen Fragen nutzen manchen Referenten das „Sammeln", die besonders unangenehmen Punkte bei der Beantwortung zu „vergessen" oder nur ganz kurz zu „streifen" – in der Hoffnung, dass der Fragende nicht reklamiert. Entsprechend liebevoll wird er sich dagegen den seine Ansicht stützenden Äußerungen bzw. den Fragen zuwenden, über die er sehr gut Bescheid weiß.

Der Sitzungsleiter führt – gegebenenfalls mit Unterstützung seines Vertreters – die Rednerliste. Es ist sehr hilfreich, wenn er die einzelnen Teilnehmer beim Namen kennt. Sonst muss er sich zu helfen wissen: in kleinen Versammlungen fertigt man zuvor ein Sitzschema mit (zumindest den bekannten) Namen an, das man durchnummeriert, so dass man statt der Namen nur noch die Zahl aufzuschreiben braucht.

In Versammlungen mit eher formalem Charakter wird man immer strikt nach der Rednerliste vorgehen (GO-Anträge und Zwischenfragen oder Meldungen „zur direkten Erwiderung" ausgenommen).

Ist der Saal recht groß und sind Mikrophone installiert, wird man von Zeit zu Zeit die Rednerliste vorlesen, damit sich die Redner vorbereiten und in die Nähe eines Saalmikrophons begeben können. In manchen Versammlungen ist es üblich, die Rednerliste transparent zu halten, indem die Redner vor dem Saalmikrofon eine Warteschlange bilden. Ansonsten erleichtert die Pflicht zur schriftlichen Wortmeldung dem Sitzungsleiter das Führen der Rednerliste ganz erheblich, mindert aber die Spontaneität und hemmt die Diskussionsfreude.

Im kleineren Kreis wird man nicht so starr vorgehen, sondern sich bemühen, die Diskussion auch außerhalb der festen Rednerliste im Fluss zu halten – z. B. indem man den anstehenden Teilaspekt auch außerhalb der formalen Reihenfolge noch ausdiskutieren lässt. Der Leiter wird mit einem solchen Vorgehen fast immer

Zustimmung finden, sofern er es verstanden hat, sich zuvor das nötige Vertrauen und die entsprechende Autorität zu erwerben.

Der manipulierende Sitzungsleiter wird versuchen die Reihenfolge der Redner in seinem Sinn zu beeinflussen: Wer will ihm nachweisen, dass er eine Meldung aus dem Lager der Gegner nicht tatsächlich später registriert hat als die eines Gesinnungsgenossen? Erst recht, wenn er allein die Rednerliste führt. Er wird sich hüten, wie oben beschrieben, die Reihenfolge immer wieder bekannt zu geben. Man wird also als Teilnehmer bei einem entsprechenden Verdacht genau dies fordern. Die Veränderung der Reihenfolge geht meist dahin, auf einen guten Redner der gegnerischen Fraktion einen mindestens ebenso guten der eigenen folgen zu lassen.

Ein weiteres Mittel, einen gut aufgebauten gegnerischen Beitrag zu zerschlagen, ist das Zulassen von zahlreichen Zwischenfragen.

Zwischenfragen sind in Vorträgen eher selten – in Debatten sind sie oft „das Salz in der Suppe". Beobachtet man beispielsweise die Sitzungen des Deutschen Bundestages, so findet man immer wieder Zwischenrufe und Zwischenfragen von höchst unterschiedlicher Qualität. Es gibt Redner, die damit glänzend fertig werden, die sie sofort in ihre Rede einbauen; andere stehen ihnen relativ hilflos gegenüber und lassen sich dauernd aus dem Konzept bringen.

Der Sitzungsleiter verständigt sich vor Beginn des Vortrags mit dem Referenten, ob der Zwischenfragen zulässt. Eine generelle Ablehnung von Zwischenfragen wird vor allem bei in sich geschlossenen Vorträgen und sorgsam ausgearbeiteten Reden am Platz sein – es wäre zu schade, ein solches Kunstwerk durch zahlreiche Unterbrechungen zu zerstören. Sind Zwischenfragen unerwünscht, macht es einen besseren Eindruck, wenn der Sitzungsleiter bei der Vorstellung des Redners erwähnt, dass „es besser ist, erst mal den Vortrag anzuhören und auf Zwischenfragen zu verzichten."

Sind Zwischenfragen zugelassen, wird in formellen Debatten die Zwischenfrage beim Präsidenten angemeldet. Dieser unterbricht den Redner mit der Frage: „Gestatten Sie eine Zwischenfrage des …?". Der Redner kann Zwischenfragen generell oder für den Einzelfall ohne Begründung ablehnen. Es gilt als unfein, über eine solche Weigerung auch nur ein Wort zu verlieren.

Lässt man in einer Vortragsveranstaltung Zwischenfragen zu, ist es für alle Beteiligten einfacher, wenn der Redner selbst den Zwischenfrager aufruft. Denn dann kann er den Zeitpunkt der Unterbrechung selbst bestimmen. Wenn es ihm dann irgendwann zu viel wird, kann er ohne Umstände bitten, „nun von weiteren Unterbrechungen abzusehen".

Fällt dem Redner spontan keine Antwort ein, behauptet er einfach, er werde auf diesen Aspekt im weiteren Verlauf des Vortrags zurückkommen. Wenn man kurz vor dem Abschluss steht, ist die Behauptung sehr beliebt, man habe doch dazu schon Stellung genommen oder man verweist auf die im Anschluss an den Vortrag vorgesehene Diskussion. Meist verliert der Fragesteller dann die Lust und gibt Ruhe.

Will er dann später nachhaken, wird man die Zwischenfrage nicht zulassen: „Bei allem Respekt vor dem Interesse des Kollegen X möchte ich doch bitten, meinen Vortrag zunächst bis zu Ende anzuhören." Man muss dann aber schon ganz schön abgebrüht sein, nicht wenigstens eine Scheinantwort zu präsentieren.

Zwischenfragen können auch dazu dienen, dem Redner der eigenen Fraktion Schützenhilfe zu geben: So kann man einem Redner, der den Faden verloren hat, wertvollen Zeitgewinn verschaffen oder ihm eine Überleitung geben, wenn er sich z. B. durch fremde Zwischenrufe allzu sehr vom Thema hat wegführen lassen. Eher peinlich wirken dagegen „Zwischenfragen" nach dem Muster „Stimmen Sie mit mir darüber ein, dass ..." und einem entsprechenden Kurzvortrag, der nichts anderes als versteckter Nachhilfeunterricht ist.

Zwischenrufe fordern vom Leiter rasche Entscheidungen: Ein kurzer treffender Zwischenruf bereichert die Diskussion und macht sie unmittelbar und lebendiger. Penetrante Zwischenrufe dagegen können eine Debatte schnell ins Chaos führen. Patentrezepte gibt es nicht: Der Leiter wird den lästigen Zwischenrufer zur Ordnung mahnen und nach zweimaligem Ordnungsruf des Saales verweisen müssen, wenn die Versammlung durch das Verhalten dieses Teilnehmers objektiv gestört wird. (Näheres hierzu in Kap. 3.2).

Auf keinen Fall darf ein Zwischenruf in eine „Zwischenrede" ausarten: Wer mehr als ein Dutzend Worte zu sagen hat, muss sich schon zu Wort melden.

Und zwar entweder zur Rednerliste oder zur „Zwischenfrage". Allerdings ist die als Frage formulierte Meinungsäußerung ein beliebtes Stilmittel: Bundestagsdebatten bieten für diese Kunst hervorragende Beispiele. Auf keinen Fall aber darf sich der Leiter das Heft aus der Hand nehmen lassen. Wohl dem, der eine kräftige Stimme besitzt...

Schließlich wird es auf den vorher vereinbarten Schlusstermin zugehen. Oder es bleiben weitere Wortmeldungen aus. Dann gilt es, die Veranstaltung ausklingen zu lassen: Der Sitzungsleiter wird sich an den Referenten wenden und ihn um einige Schlussworte bitten oder er hebt selbst die Hauptpunkte der Diskussion noch einmal hervor, fasst mit einigen Worten die wichtigsten Erkenntnisse von Vortrag und Diskussion zusammen und verbindet dies mit Dank an den Referenten. Zum Schluss wird er den Teilnehmern der Diskussion danken, den nächsten Termin bekannt geben und die Sitzung schließen.

Mut-Mach-Nachwort

Dieses Buch (und erst recht seine Langfassung) hat einen Anspruch: Neulingen im demokratischen System zu helfen, den taktischen Vorteil der „Alten Hasen" abzubauen, der in der Kenntnis der Regeln und ihrer taktischen Anwendung liegt.

Wie an der Seitenzahl zu erkennen ist, muss man so viel überhaupt nicht wissen, um „auf Augenhöhe" mit den Erfahrenen agieren zu können.

Sind Sie Mitglied eines Vereins? Dann beenden Sie ihr Karteileichen-Dasein und gehen einfach mal zur Mitgliederversammlung! Hören Sie zu, beobachten Sie, wer redet und ob er Zustimmung findet; versuchen Sie zu erraten, wer seiner Ansicht ist und wer nicht (das hilft Ihnen später, wenn Sie selbst aus der Reaktion anderer erkennen müssen, wie weit Sie verbal gehen können).

Bald werden Sie wahrscheinlich schon die ersten Anzeichen einer Struktur entdecken: Bestimmte Leute, die (fast) immer der gleichen Meinung sind, Einzelne, deren Wort besonderes Gewicht zu haben scheint und andere, denen offenbar kaum jemand richtig zuhört.

Das kann spannend sein: Schon im Verlauf dieser ersten Orientierungsphase werden Sie Diskussionen anders erleben als zuvor. Vielleicht erliegen Sie dann schon dem Reiz der Kunst, aus einem anfangs eher diffusen Konglomerat aus Haltungen, Meinungen und Argumenten zu gemeinsamen Entscheidungen zu kommen. Bald durchschauen Sie das Spiel mit den Regeln der Geschäftsordnung, in dem es trotz aller Nüchternheit so häufig „menschelt".

Deswegen ist auch der „inoffizielle Teil" nach den Versammlungen wichtig: Nicht von den Regeln der Geschäftsordnung und leider oft auch nicht der Höflichkeit und Achtung gegenüber den Gegnern eingeengt, werden hier ungeschminkt Ansichten

© Springer Fachmedien Wiesbaden 2015

H. Meier, *Diskussion und Debatte*, essentials, DOI 10.1007/978-3-658-09314-3_7

geäußert, die man sich offiziell nicht zu eigen machen würde. Man erfährt, wie wer zu wem steht, wo die Grenzen zwischen den internen Fraktionen verlaufen und wie deren Machtstrukturen aussehen.

Doch einen wichtigen, da heilsamen Effekt haben gerade solche Gespräche und das „gemütliche Beisammensein" im Anschluss an Sitzungen: Hier können die zuvor hart geführten Kontroversen menschlich gesehen wieder etwas relativiert und in den Bereich des kameradschaftlichen Ringens um die gemeinsame Sache zurückgeführt werden.

Letztlich lernt man nur in der Praxis, sich gewandt und sicher auf dem mitunter schwierigen Gebiet zu bewegen: Erfahrung ist auch hier (fast) alles, und je mehr man lernt, umso schöner wird es sein, souverän mit den Regeln umzugehen und zu erleben, wie gut austariert dieses alte Regelwerk dafür sorgt, das lebendige Demokratie funktioniert.

Was Sie aus diesem Essential mitnehmen können

- Woran man bei der Vorbereitung von Sitzungen denken sollte.
- Was man als Sitzungsleiter wissen und beachten muss.
- Wie man Diskussionen erfolgreich führt.
- Wie man Manipulation erkennen und ihr begegnen kann.
- Also: Wie Sie in Gremien, Versammlungen und Sitzungen zu guten Entscheidungen kommen.

© Springer Fachmedien Wiesbaden 2015
H. Meier, *Diskussion und Debatte,* essentials, DOI 10.1007/978-3-658-09314-3

Literaturverzeichnis

Birkenbihl, Vera. 2010. *Rhetorik*. München: Ariston.

Dietel, A., K. Gintzel, und M. Kniesel. 2008. *Demonstrations- und Versammlungsfreiheit*. Köln: Heymanns.

Gäde, E., und S. Listing. 2001. *Sitzungen effektiv leiten und kreativ gestalten*. Mainz: Matthias-Grünewald.

Kelber, Magda. 1977. *Gesprächsführung*. Opladen: Leske&Budrich.

Kellner, Hedwig. 2000. *Konferenzen, Sitzungen, Workshops effizient gestalten*. München: Hanser.

Lange, Gerhard. 1977. *Rhetorische Kommunikation*. Bonn: Selbstverlag.

Lay, Rupert. 2003. *Dialektik für Manager*. München: Signum.

Meier, Hermann. 2011. *Zur Geschäftsordnung*. Wiesbaden: VS Verlag für Sozialwissenschaften.

Meier, Hermann. 2015. *Die Regeln der Geschäftsordnung*. Wiesbaden: VS Verlag für Sozialwissenschaften.

Ott, Sieghart. 2002. *Vereine gründen und erfolgreich führen*. München: dtv.

Ott, S., und H. Wächtler. 2010. *Gesetz über Versammlungen und Aufzüge (Kommentar)*. Stuttgart: Boorberg.

Redeker, Ricarda. 2012. *Die korrekte Anrede im öffentlichen Leben*. Köln: Bundesanzeiger.

Sachse, Rainer. 2014. *Manipulation und Selbsttäuschung*. Berlin: Springer.

Thiele, Alfred. 2007. *Argumentieren unter Stress*. München: Frankfurter Allgemeine.

Waldner, W., und E. Sauter. 2010. *Der eingetragene Verein*. München: Beck.

Weitere und aktuelle Literatur finden Sie im Internet unter www.ZurGo.de.

Dieses Essential basiert auf dem erstmals 1976 erschienenen und mehrfach aktualisierten Buch „Zur Geschäftsordnung", in dem die Regeln der Sitzungsleitung, der Geschäftsordnung und der Diskussionsführung beschrieben und auch Manipulationsgefahren und ihre Abwehr behandelt werden.

© Springer Fachmedien Wiesbaden 2015
H. Meier, *Diskussion und Debatte*, essentials, DOI 10.1007/978-3-658-09314-3

Sachverzeichnis

© Springer Fachmedien Wiesbaden 2015
H. Meier, *Diskussion und Debatte*, essentials, DOI 10.1007/978-3-658-09314-3